AF596365

NOUVELLE HISTOIRE ET RÉVÉLATION COMPLÈTES DE LA VIE, DES MÉMOIRES, AMOURS ET PROCÈS CRIMINEL DE Mme LAFARGE,

CONTENANT DES DÉTAILS TRÈS CURIEUX SUR SES PREMIÈRES ANNÉES, SES LIAISONS INTIMES, SA CORRESPONDANCE ET SES RELATIONS AVEC UN GRAND NOMBRE DE PERSONNES DE DISTINCTION QUI ONT FIGURÉ DANS CE PROCÈS CÉLÈBRE.

Recueilli et publié par P*** Sténographe.

TERMINÉ

par une grande et nouvelle

COMPLAINTE

Très curieuse sur le triste et malheureux sort de M. et Mme LAFARGE, occasionné par ce déplorable événement

RÉDIGÉE PAR

UN MAITRE RAT DU GLANDIER.

PRIX : 1 fr. 25 c.

Paris,

TERRY, ÉDITEUR, PALAIS-ROYAL, PÉRISTYLE ET GALERIE DE VALOIS, 185.

1840

NOUVELLE
HISTOIRE ET RÉVÉLATION
COMPLÈTES
DE LA VIE, DES MÉMOIRES,
AMOURS ET PROCÈS
CRIMINEL
DE Mme LAFARGE,

CONTENANT DES DÉTAILS TRÈS CURIEUX SUR SES PREMIÈRES ANNÉES, SES LIAISONS INTIMES, SA CORRESPONDANCE ET SES RELATIONS AVEC UN GRAND NOMBRE DE PERSONNES DE DISTINCTION QUI ONT FIGURÉ DANS CE PROCÈS CÉLÈBRE.

Recueilli et publié par P*** Sténographe.

TERMINÉ

par une grande et nouvelle

COMPLAINTE

Très curieuse sur le triste et malheureux sort de M. et Mme LAFARGE, occasionné par ce déplorable événement

RÉDIGÉE PAR

UN MAITRE RAT DU GLANDIER.

PRIX : 1 fr. 25 c.

Paris,

TERRY, ÉDITEUR, PALAIS-ROYAL, PÉRISTYLE ET GALERIE DE VALOIS, 185.

1840.

MEULAN. — IMPRIMERIE DE A. HIARD.

Mme **LAFARGE** OFFRANT A SON MARI LA DERNIÈRE POTION CORDIALE.

INTRODUCTION.

Jamais, depuis le procès de la fameuse marquise de Brinvilliers, l'attention publique n'avait été excitée à un plus haut point que par le drame lugubre du Glandier. Tout, en effet, dans cette affaire, est propre à frapper l'imagination : La position élevée de l'accusée, sa beauté, son intelligence supérieure et le sombre mystère qui a enveloppé et enveloppe encore la mort de Lafarge; les péripéties amenées par les débats, cette alternative de culpabilité et d'innocence qui a pesé sur elle, tour à tour; cette exhumation nocturne du cadavre du malheureux maître de forges, les contradictions de la science et enfin le verdict imprévu du jury: tout cela, disons-nous, a laissé dans les esprits une impression si vive, qu'on est encore à se demander si cette affreuse histoire est bien réelle, si ce n'est pas un jeu de l'imagination, si cette femme a pu commettre un pareil crime.

Voilà sous quelle impression nous nous sommes décidés à livrer au public les détails de ce procès à jamais célèbre dans les fastes judiciaires.

1

Notre but n'est pas d'accuser ou de disculper Madame Lafarge, mais de rechercher la vérité, d'essayer de soulever le coin du voile qui couvre encore les événements du Glandier, en faisant connaître par cette publication la vie de cette jeune femme qui vient de s'acquérir une si déplorable célébrité.

Cet ouvrage est donc une histoire détaillée de sa vie, de ses amours, de ses douleurs, de son procès et de sa condamnation.

Une complainte nouvelle pleine d'intérêt, de détails curieux, termine ce livre qui, nous l'espérons, sera favorablement accueilli du public.

CHAPITRE Ier.

Naissance de Madame Lafarge. — Son éducation, ses talents, son portrait. — Détails sur son enfance. — Mort de M. Capelle, son père. — Liaisons de Marie avec Mlle. Nicolaï. — Rencontre du jeune poète Clavé. — Correspondances.

Marie-Fortunée Capelle est née à Paris en 1816, d'une des familles les plus haut placées dans la société. Sa naissance, du côté maternel, reflète sur elle quelques rayons de la royauté. M. Capelle, son père, frère du ministre de ce nom, sous Charles X, était colonel d'artillerie; son oncle, M. de Garat, est directeur de la Banque de France. Outre cette origine illustre, Marie Capelle est douée d'une physionomie enchanteresse et des plus belles qualités de l'esprit enrichies par l'éducation. Elle parle et écrit purement l'anglais, l'allemand et l'italien, fait avec facilité des vers dans ces différentes langues.

Nous avons vu d'elle un sonnet italien sur le *bonheur* que l'on croit être sorti de la plume de Pétrarque ou de Métastase.

Madame Marie Capelle est aussi excellente musicienne : sa voix a des accens d'une suavité ravissante et mystérieuse. Si l'on ajoute à tous ces trésors une imagination puissante, une mémoire fécondée par l'étude, un esprit merveilleux d'à-propos, une grande dignité de maintien et de parole, on aura le portrait le plus accompli d'une femme du monde, et c'est avec peine qu'on voudra croire l'horrible accusation d'empoisonnement qui pèse sur elle.

Voici son portrait en quelques lignes : Madame Lafarge est d'une taille ordinaire mais dessinée avec délicatesse et pleine de grâces; sa figure, un peu taillée à la grecque, n'est pas d'une régularité parfaite; mais son front élevé, ses grands yeux noirs et sa physionomie pleine d'expression donnent à peine le temps de s'apercevoir de cette irrégularité et charment involontairement les yeux.

L'enfance de Marie Capelle commença sous les auspices de l'infortune : jeune encore elle perdit son père et sa mère, le premier en 1823, et sa mère 10 ans plus tard ; elle fut confiée à la tutelle de M. de Garat, son oncle.

C'est là qu'elle forma les brillantes liaisons que n'ont point encore brisées entièrement, et le crime dont elle est accusée, et le verdict du jury. Mme de Montesquiou, Mme de Valence, M. le marquis de Mornay, duc de Dalmatie, M. le maréchal Gérard et la famille Nicolaï accueillirent avec intérêt la jeune orpheline et lui prodiguèrent les marques les plus bienveillantes d'amitié. C'est en 1836 que se forma cette intimité de cœur entre Mlle. Nicolaï et Marie Capelle, et qu'eût lieu le premier chapitre du Roman de sa vie de jeune fille.

Les deux jeunes amies sortaient toujours ensemble pour se rendre à la promenade ou dans le monde. Un jour, aux Champs-Elysées, elles aperçurent un jeune homme qui les suivait, c'était Félix Clavé; jeune poète. Doué d'un esprit supérieur, d'un beau physique et de belles manières, il plut aux deux jeunes filles et particulièrement à Mlle. de Nicolaï. Félix Clavé de son côté fut charmé de la beauté des deux jeunes filles qu'il nommait les deux *Marie*, et s'attacha à suivre leurs pas.

Ses assiduités furent récompensées. Peu de temps après on lui adressa le billet suivant :

« Pour la santé, une promenade aux Champs-» Elysées ; pour le salut, les offices à Saint-Phi-» lippe. » C'était un rendez-vous.

Hélas! en écrivant ces lignes, elles étaient bien loin de prévoir l'affreuse publicité qu'on leur donnerait!

Mais un jour Clavé avait pris au sérieux cet amour étourdi des deux jeunes filles; il aimait Mlle Nicolaï avec l'ardeur d'une première passion et la puissance d'une imagination méridionale. Marie Capelle devint l'intermédiaire de la correspondance qui s'établit entre les deux amans.

Les lettres de Clavé étaient adressées à Marie Capelle sous le nom d'une amie de pension ; voici l'extrait d'une lettre de ce jeune homme qui figure d'une manière si singulière dans le drame qui va se dérouler.

« Vous êtes heureuse d'être à la campagne, chère amie ; toutes les obligations de ce monde ne peuvent vous atteindre. Là, où vous êtes, rien ne vous oblige à paraître le front riant dans une fête où votre cœur se brise contre toutes les physionomies. C'est là le martyre que je subis bien souvent. Hier encore, il m'a fallu danser et rire chez madame la comtesse de Monti ; je me faisais horreur à moi-même en passant devant une glace... Pour me distraire, je permis à mon imagination de me transporter à une fête où je vous vis, Marie, vous et puis d'autres qui me sont bien chères ; je m'enivrais de ce souvenir plein de mélancolie, et j'éprouvai un tel moment d'illusion, que de ma banquette, où je sentais par contenance mon bouquet de fleurs, j'ai aperçu tout-à-coup une salle en rotonde, un plafond de contours variés, je vis, je reconnus distinctement toutes les figures, en un mot, je fus rajeuni d'un mois, et les larmes me vinrent aux yeux..... Si vous recevez des nouvelles de vos amies, n'oubliez pas de m'en faire part. Vous savez surtout qu'il en est une que je préfère à toutes les autres à cause de la pureté de son regard d'ange : si elle voulait, je ferais son portrait ; parlez-moi d'elle. »

Cependant cette liaison étrange fut bientôt rompue par le mariage de Mlle Nicolaï avec M. de Léotaud, et par le départ de Clavé pour l'Afrique.

CHAPITRE II.

Vol de diamans chez Madame de Leotaud. — Vol chez M. de Garat. — Lafarge à Paris. — Son mariage avec Marie Capelle. — Scène à Orléans. — Amours de Marie Capelle avec Guyot. — Arrivée au Glandier. — Description du Glandier.

—

Quelque temps après le mariage de Mlle. Nicolaï avec M. de Léotaud, Marie Capelle fut invitée à venir passer quelques jours à Busagny, propriété de M. Nicolaï, on célébrait les noces de Mlle de Beauvoir, parente de M. de Léotaud.

Les dames étaient réunies au salon, la conversation ayant roulé sur la beauté et la richesse des parures et des bijoux; il fut question de comparaison de diamans. Mme de Léotaud alla chercher les siens qui étaient renfermés dans un riche écrin; on les examina, on les admira : quelques jours après les diamans avaient disparu. Les soupçons se portèrent d'abord sur les gens de la maison, mais les recherches les plus minutieuses n'apprirent rien sur ce vol. Marie Capelle revint à Paris chez M. de Garat. Ici commencèrent une suite de petits vols qui obligèrent le directeur de la Banque à s'adresser à M. Allard, chef de la police de sûreté. M. Allard ne tarda pas à se convaincre que l'auteur de ces vols n'était autre que Mlle Marie Capelle. Il s'en expliqua avec M. de Garat.

Ce fut à peu près vers cette époque que M. Lafarge vint à Paris. Cet infortuné, dont les affaires étaient loin d'être aussi brillantes qu'il le prétendait, était venu pour négocier un riche mariage.

Lafarge était veuf. Il fut présenté à la famille de Garat par l'entremise de M. Defoy, agent matrimonial, et obtint la main de Marie Capelle.

Ce mariage était loin de la charmer si l'on en juge par une lettre qu'elle écrivit à cette époque à M. Elmore, un ami de sa famille :

« Je veux vous écrire une grande nouvelle,

mon cher M. Elmore, une nouvelle que je ne crois guère, qui m'étonne plus qu'elle ne vous étonnera. Enfin, moi si difficile, si réfléchissante aux mauvais côtés de toutes choses, je me marie en poste.

» Mercredi, je vois un Monsieur chez Musard, je lui plais et il ne me plaît pas beaucoup ; jeudi, il se fait présenter chez ma tante, il se montre si soigneux, si bon, que je le trouve mieux; vendredi, il me demande officiellement; samedi, je ne dis pas oui, mais je ne dis pas non, et dimanche, aujourd'hui, les bans sont publiés ! J'étouffe de mille sentiments divers; c'est fini...

» Voici les détails que je puis vous donner : M. Lafarge a 28 ans; une assez laide figure, une tournure et des manière très-sauvages, mais de belles dents, un air de bonhomie, une réputation excellente. Il est maître de forges et a ses propriétés dans le Limousin, à 130 lieues de Paris. Une belle fortune, un joli château, autant que je puis en juger par un plan qu'il m'a donné, etc. »

Le mariage eut lieu à la fin de juillet 1839, et Lafarge partit pour le Glandier avec sa jeune épouse. Pendant la route, à Orléans, il se passa la scène suivante, prélude de celles qui devaient avoir lieu au Glandier et dont le dénouement fut la mort du malheureux Lafarge.

Marie Capelle était dans le bain, M. Lafarge voulut pénétrer en ce moment dans sa chambre malgré les refus de son épouse et les instances de sa femme de chambre. Une querelle s'en suivit. Querelle violente où Mme. Lafarge conçut peut-être son funeste projet d'empoisonnement. Arrivée au Glandier, la jeune femme qui s'attendait à voir un merveilleux château, d'après ce que lui en avait dit Lafarge, fut cruellement désanchantée de n'y trouver qu'une habitation sauvage à demi-dégradée par le temps, et privée de tout le confortable d'une vie aisée.

Le Glandier est situé au fond de l'ancien *Limousin*, entre les murs du chateau de Pompadour et les limites d'Orgnac, pays qui ne manqua point autrefois d'importance. C'est un vallon solitaire qui semble redouter la présence de l'homme, tant il se dérobe avec soin à tous les regards dans son enceinte de collines et de forêts épaisses. Le silence de la mort s'est fait depuis des siècles l'hôte habituel de cette mystérieuse vallée. On n'y entend que le murmure d'un ruisseau qui, se réunissant à la rivière de Vézère, va se perdre dans la Corrèze; et les sinistres hurlemens des loups qui pullulent dans les bois d'alentour. A de rares intervalles seulement, le vent apporte le bruit lointain des fabriques et des moulins qui seuls parlent de l'homme à cette solitude.

Voilà le Glandier, pays aux lugubres histoires, aux drames ténébreux et mortels. C'est là qu'elle écrivit cette fameuse lettre qui a joué un rôle si important dans l'accusation, nous la rapportons en entier.

« Charles, je viens demander pardon à genoux! Je vous ai indignement trompé; je ne vous aime pas et j'en aime un autre! Mon Dieu! j'ai tant souffert! Laissez-moi mourir, vous que j'estime de tout mon cœur; dites-moi : *Meurs!* et je te pardonnerai, et je n'existerai plus demain. Ma tête se brise; viendrez-vous à mon aide? Ecoutez-moi, par pitié écoutez-moi! Il s'appelle Charles aussi; il est beau, il est noble, il a été élevé près de moi; nous nous sommes aimés depuis que nous pouvons aimer. Il y a un an, une autre femme m'enleva son cœur; je crus que j'allais en mourir; par dépit, je voulus me marier. Hélas! je vous vis; j'ignorais les mystères du mariage; j'avais tressailli de bonheur en serrant ta main. Malheureuse! je crus qu'un baiser sur le front seul te serait dû, que vous seriez bon comme un père.

Comprenez-vous ce que j'ai souffert dans ces trois jours? Comprenez-vous que si vous ne me sauvez pas il faut que je meure! Tenez, je vais vous avouer tout.... Je vous estime de toute mon ame, je vous venère ; mais les habitudes, l'éducation ont mis entre nous une barrière immense.

» A la place de ces doux mots d'amour, de triviales douceurs, de ces épanchemens d'esprit, rien que les sens qui parlent en vous, qui se révoltent en moi. Et puis il se repent ; je l'ai vu à Orléans; vous diniez; il était sur un balcon vis-à-vis du mien. Ici même, il est caché à Uzerches ; mais je serai adultère malgré moi, malgré vous, si vous ne me sauvez pas. Charles, que j'offense si terriblement, arrachez moi à vous et à lui. Ce soir, dites-moi que vous y consentez ; ayez-moi deux chevaux, dites le chemin de Brives, je prendrai le courrier de Bordeaux, je m'embarquerai pour Smyrne. Je vous laisserai ma fortune : Dieu permettra qu'elle vous soit prospère, vous le méritez ; moi, je vivrai du produit de mon travail ou de mes leçons. Je vous prie de ne laisser jamais soupçonner que j'existe. Si vous le voulez, je jetterai mon manteau dans l'un de vos précipices, et tout sera fini. Si vous le voulez, je prendrai de l'arsénic : j'en ai, tout sera dit. Vous avez été si bon, que je puis, en vous refusant mon affection, vous donner ma vie; mais recevoir vos caresses, jamais!

» Au nom de l'honneur de votre mère, ne me refusez pas. Au nom de Dieu, pardonnez-moi. J'attends votre réponse comme un criminel attend son arrêt. Oh ! hélas ! si je ne l'aimais pas plus que la vie, j'aurais pu vous aimer à force de vous estimer; comme cela, vos caresses me dégoûtent. Tuez-moi, je le mérite ; et cependant j'espère en vous ; faites passer un papier sous ma porte ce soir, sinon, demain je serai morte ; ne vous occupez pas de moi ; j'irai à pied jusqu'à Brives s'il le faut. Restez ici à jamais. Votre mère si tendre, votre sœur si douce, tout cela m'accable, je me fais horreur à moi-même. Oh! Soyez généreux. Sauvez-moi de me donner la mort. A qui me confier si ce n'est à vous? M'adresserai-je à lui? Jamais. Je ne serai pas à vous, je ne serai pas à lui. Je suis morte pour les affections. Soyez homme. Vous ne m'aimez pas encore, pardonnez-moi. Des chevaux feraient découvrir nos traces. Ayez-moi deux sales costumes de paysannes. Pardon, que Dieu vous récompense du mal que je vous fais.

» Je n'emporterai que quelques bijoux de mes amies comme souvenir du reste de ce que j'ai; vous m'enverrez à Smyrne ce que vous daignez permettre que je conserve de votre main. Tout est à vous.

» Ne m'accusez pas de fausseté; depuis lundi, depuis l'heure où je sus que je serai autre chose qu'une sœur; que mes tantes m'apprirent ce que c'était que de se donner à un homme, je jurai de mourir. Je pris du poison en trop petite dose; encore à Orléans, je le vomis; hier j'étais sur le point d'en prendre... j'eus peur. Aujourd'hui tout dépend de vous; je ne reculerai plus.

» Sauvez-moi, soyez le bon ange de la pauvre orpheline, ou bien tuez-la, ou dites-lui de se tuer. Ecrivez-moi, car sans votre parole d'honneur, et je crois en vous, sans elle écrite je n'ouvrirai pas ma porte. Signé Marie. »

Ce Charles mystérieux dont parle Mme Lafarge est le jeune Guyot qui s'est suicidé en apprenant l'accusation qui pesait sur elle. Voici quelques détails à ce sujet.

Information faite a Montmédi sur le suicide du jeune Guyot.

M. Gabriel Guyot père, pharmacien à Montmédy. — « Je ne puis préciser avec une entière certitude les causes de la fatale détermination de mon fils;

cependant je pense que, malade comme il l'était (il avait une gastrite très-prononcée), ayant eu d'ailleurs quelques relations de jeune homme, il y a un certain temps avec Marie Capelle, les rapports donnés par les journaux sur le fait de vol et d'empoisonnement imputé à cette femme ont contribué à affaiblir la raison de mon fils au point de le conduire à une espèce de démence; ce serait, selon moi, dans un accès de délire qu'il se serait suicidé. Ayant survécu pendant environ trente-six heures à ses blessures, il ne pouvait croire que ce fût lui qui eût commis une telle action.

« A l'époque de 1837, mon fils étant à Paris, fit connaissance fortuitement (à l'église de la Madeleine, m'a-t-il dit) de Marie Capelle, qui ce jour-là était accompagnée de la fille de Mme G.... Il paraît qu'il avait obtenu des lettres de cette demoiselle, qui lui étaient remises dans des réunions publiques. De son côté, il en écrivait aussi. Il m'avait parlé de cette connaissance qu'il avait faite d'une demoiselle de bonne famille. Il revint à Montmédy à l'époque de septembre, et, comme il avait toute confiance en moi, il me dit que M. de Garat, oncle de Marie Capelle, s'étant aperçu de la correspondance qu'entretenait sa nièce, était venu le trouver à son hôtel et lui demander s'il était dans l'intention d'épouser sa nièce, et que, sur la réponse que fit mon fils qu'il était trop jeune pour se marier, M. Garat aurait demandé et obtenu la remise des lettres écrites par sa nièce, excepté deux qui ne se trouvèrent pas dans le moment sous la main de mon fils, et qui sont en ma possession.

» Depuis près de deux ans et demi que mon fils avait quitté Paris et qu'il demeurait avec moi, il n'avait eu aucune relation avec Marie Capelle, qu'il avait entièrement perdue de vue et dont il ignorait le mariage avec M. Lafarge, lorsqu'à l'époque d'avril dernier, un ami de mon fils lui écrivant de Paris, lui faisait connaître que cette dame Lafarge, accusée de vol et d'empoisonnement, n'était autre que Marie Capelle.

» Mon fils parut frappé de telles accusations contre une personne qu'il avait connue, et qui lui paraissait alors incapable d'actions semblables; il m'avoua cependant qu'il n'aurait pas voulu de Marie Capelle pour sa femme, parce qu'elle lui paraissait dissimulée et avait des manières qui ne lui convenaient pas. Depuis lors, mon fils s'informait avec intérêt de l'affaire de Mme Lafarge; il lisait assidument les journaux, afin d'être au courant de ce qui se passait. Conseillé par son médecin d'aller aux eaux de Bourbonne, il s'y rendit, fut incapable de les supporter et eut recours aux eaux de Bains.

» C'est, m'a-ton dit, pendant un diner où l'on parlait chaleureusement de l'affaire de Mme Lafarge que mon fils, par trop ému, fut obligé de quitter la table et de se retirer dans sa chambre où, m'a-t-on dit, une fièvre ardente s'était emparée de lui, pendant laquelle il s'était livré à un acte de désespoir. »

Après cette déclaration, M. Guyot à déposé les trois lettres que voici, adressées par Marie Capelle à son fils :

« Lundi.

» Si vous savez quelque chose qui froisse le cœur plus que l'oubli; si vous savez ce qui rend indifférente à cette souffrance, dites-le.... Mais non... On vit d'illusions... Il en fut une bien douce, et le réveil qui vient toujours, est arrivé aussi pour moi.

» Un caprice de huit jours... Puis rien... Et moi, je vous croyais... Oh! le monde est donc bien faux, puisque vous l'êtes aussi! »

« Ce mardi.

« Je ne veux plus sortir... Elle vous remettra cette lettre... Si je vous voyais, peut-être vous croirais-je encore. Non, adieu! je vous pardonne tout...... Adieu...... Soyez heureux et jamais trompé...

» L'histoire de Caroline est découverte! On va lui faire vous écrire, afin que votre réponse fasse juger de la manière dont elle est avec votre ami. — Ne m'écrivez pas, ne parlez pas de moi, oh! par pitié!

» Voyez-vous, moi, je suis orpheline : Dieu m'a ôté mon père, puis ma mère, tout enfin.

» Alors mon oncle devint mon tuteur et ma tante voulut remplacer sa sœur près de moi. Ce matin, elle a juré que si je me trouvais mêlée dans cette histoire, elle ne me reverrait de sa vie. Ah! mon Dieu! je le sens, je n'y résisterai pas.

» Je suis folle... Ma tête se perd. Vous avez de l'honneur, je crois en vous, sauvez-moi par le silence le plus complet.

» Que Dieu et vous aient pitié de moi! Par une incroyable légèreté mon honneur est entre vos mains. — Je n'ai plus personne pour y veiller. — Jè vous le confie. Gardez-le pour l'amour de vos parents et de Marie... Ma vie entière ne sera pas trop longue pour en être reconnaissante...

Revenons à notre narration.

Lafarge fut consterné à la lecture de la lettre de son épouse. Sa mère et sa sœur lui conseillèrent de laisser partir cette femme qui venait remplir sa maison de tristesse, et qui bientôt peut-être la remplirait de deuil; le malheureux pencha un moment pour cette résolution; mais le mauvais état de ses affaires lui fit prendre un avis opposé. Il résolut de garder sa femme et d'essayer à vaincre sa répugnance par ses soins et ses attentions bienveillantes.

Marie Capelle fit résonner aux oreilles de son mari les mots d'adultère et d'empoisonnement comme elle dirait quelque chose de tendre. Tout à l'heure elle va prendre un tout autre langage.

Quelle fut la position du malheureux Lafarge, si tendre, si bon, si généreux! Que faire? Laisser partir cette femme? Mais cette femme n'est plus Marie Capelle, c'est Mme Lafarge, et M. Lafarge l'aime. Que faire?

Le malheureux mari s'adressa à Cheveron, l'un de ses amis, lui exposa sa position, sollicita ses conseils. Cheveron se mit en contact avec ce caractère ardent, impétueux. Soit qu'il nourrit l'espoir de faire rentrer cette femme en elle-même, soit qu'il hésitât à faire connaître à son ami toute l'étendue de son malheur, il mit tout en œuvre pour amener une conciliation. Non, dit-il, il ne faut pas laisser partir cette femme; c'est un membre de votre famille, vous lui devez protection; ayez tous pour elle des égards. Vous, Lafarge, dépouillez-vous de cette enveloppe inculte et grossière; parlez-lui un langage plus délicat, plus en rapport avec son éducation et les habitudes des sociétés au milieu desquelles elle a vécu.

Ce ne furent pas là les seuls efforts de ce généreux ami. Il employa tous les moyens possibles pour calmer l'irritation de l'épouse, et prodige! soit qu'il eût réussi, soit que Marie Capelle eût déjà médité le crime qu'elle a commis depuis, il s'opéra en elle une transfiguration subite. Peu à peu elle parut accorder à son époux l'affection qu'elle lui avait si formellement refusée; elle ne tarda même pas à lui prodiguer les soins les plus affectueux. Avec cette nouvelle manière d'être, le bonheur et la joie s'introduisirent dans la famille. Combien nous allons être heureux, disaient-ils tous, et cependant quelques doutes restaient encore! Cette malheureuse famille comprenait qu'on ne passe pas ainsi sans transition de l'irritation à un calme complet; et cependant la conduite de Marie Capelle devint si mesurée qu'elle endormit bientôt tous les doutes.

Après quelque temps de bonne harmonie, madame Lafarge éprouva tout à coup une maladie réelle ou feinte. Toute la famille, son mari surtout, s'empresse autour d'elle, l'environne de soins et d'affections. Touchée de ces attentions, du dévouement complet qu'avait montré Lafarge, l'accusée déclara qu'elle voulait faire son testament et léguer tous ses biens à son mari. Ce bruit vint aux oreilles de M. Lafarge, il en fut vivement touché et résolut d'imiter la générosité de sa femme. Il fit également un testament par lequel il l'instituait sa légataire universelle. Ce testament obtenu, la malade recouvra bientôt la santé, et par une raison qu'elle expliquera sans doute, cette pièce fut envoyée à M. Legris, notaire à Soissons.

Voilà donc cette famille réconciliée, calme, heureuse. Lafarge, je vous l'ai dit, s'occupait de donner le plus de développement possible à son industrie; il venait de découvrir un procédé qui devait avoir pour lui les plus grands résultats. La nature de ce procédé fut confiée à Mme Lafarge; il fut convenu qu'on demanderait un brevet d'invention. La question parfaitement étudiée, il fut reconnu que de grands bénéfices étaient possibles, et Mme Lafarge, se livrant aux calculs de ces bénéfices, les évaluait à 30, 40 et même 50,000 fr. par an.

CHAPITRE III.

Lafarge vient à Paris pour obtenir un brevet d'invention.—Envoi du portrait et des gâteaux empoisonnés.—Retour au Glandier.—Lafarge se met au lit le 5 janvier 1840.—Marie Capelle lui prodigue les soins les plus affectueux et empoisonne jusqu'à la flanelle qui sert à le frictionner.—Mort de Lafarge, le 14 janvier de la même année.

—

Ici commence un autre ordre de faits. Lafarge partit pour Paris afin d'obtenir ce brevet qui devait l'enrichir. Quelques jours après son arrivée, madame Lafarge lui envoya son portrait par un sentiment qu'on ne peut guère expliquer, puisque Lafarge était sur le point de revenir. Une autre idée frappe en même temps l'imagination de cette femme : ce n'est pas seulement un portrait qu'elle veut envoyer, ce sont des gâteaux. La famille est étonnée, mais ses habitudes romanesques expliquent tant de choses ! Pour ajouter au plaisir que doit naturellement ressentir Lafarge en recevant un présent de sa femme, Marie Capelle demande à sa belle-mère de pétrir de ses mains ces gâteaux et d'annoncer le fait à son fils par un billet.

Ces faits se passaient le 14 décembre. Ces gâteaux sont portés dans la chambre de madame Lafarge au moment où elle se prépare à les placer dans la caisse ; cette caisse est portée à Uzerches par un domestique. Elle arrive à Paris. Lafarge charge un garçon de l'hôtel de retirer le contenu de la caisse ; mais au lieu des petits gateaux appelés choux, il n'en trouve qu'un d'une plus grande dimension.

Lafarge plein de joie en voyant le portrait de sa femme dit au domestique: «C'est ma femme qui me fait ce cadeau. ».. prenant ensuite un morceau de la croûte du gâteau, il le mangea et dans la nuit, il éprouva de vives coliques. Lafarge revient de Paris avec son brevet; il arrive au Glandier le 5 janvier; il est souffrant, sa femme va au-devant de lui; elle lui prodigue ses soins. Le soir on apporte dans la chambre de Marie Capelle une volaille garnie de truffes; Lafarge excitée par Marie Capelle mange quelques-unes de ces truffes, son indisposition recommence. Marie Capelle lui prodigua les soins les plus affectueux et les plus constans. Elle veut le soigner seule; elle veut même écarter de son lit sa mère et sa sœur. De là ces luttes violentes entre ces femmes.

Pendant le séjour de Lafarge à Paris, Marie Capelle s'était procuré de l'arsenic; elle donnait pour prétexte le désir d'empoisonner des rats incommodes. Le 5 janvier, elle parvient à obtenir, pour un nouvel achat d'arsenic, une ordonnance du médecin en prétextant une maladresse de la part de ses domestiques dans la préparation des boulettes destinées aux rats.

Voilà bien de l'arsenic; Marie Capelle en avait, d'après sa lettre, en arrivant au Glandier; elle en demande le 5 janvier; elle en obtient encore le 10 janvier.

Ici se placent des faits qui ont plus de rapport avec la malheureuse catastrophe du 14 janvier. Mme Lafarge prodigue tous ses soins à son mari, et elle a la manie d'introduire de la poudre blanche dans tous les breuvages du malade. Lait de poule, poudre blanche! eau panée, poudre blanche! Pour des raisons qu'elle connaît sans doute, elle avait fait acheter de la gomme arabique et en mêlait, disait-elle, à toutes ses potions.

Le 11 janvier des faits plus graves se reproduisent. Mme Buffières, sœur de M. Lafarge, prépare un lait de poule pour Marie Capelle. Lafarge témoigne le désir de partager le lait de poule de sa femme; il était fini, on en fait un autre; lorsqu'il fut préparé, Lafarge se trouvait endormi; ne voulant pas le réveiller, on prit des précautions pour que le lait de poule ne se réfroidît pas. Quelques instants s'étaient à peine écoulés, lorsque la femme de chambre vint prendre le lait de poule et le porta sur la table de nuit de sa maîtresse. La demoiselle Brun couchait dans la même chambre que Mme Lafarge ; elle la vit mêler à ce lait de poule une poudre blanche et la délayer entre ces doigts. Madame Lafarge mère étant entrée dans ce moment-là, madame Lafarge chercha à lui cacher ce qu'elle venait de faire.

Mademoiselle Brun, étonnée, demanda à madame Lafarge ce qu'elle avait mis dans la potion ; celle-ci répondit qu'on y avait mis de la fleur d'orange ; mademoiselle Brun ayant insisté, l'accusée ne fit aucune réponse.

On porta le lait de poule à Lafarge qui refusa d'en boire. Mademoiselle brun, venue dans l'appartement du malade, examina le vase et découvrit à sa surface une substance blanche non dissoute. Le médecin consulté, déclara que c'était de la chaux ou du blanc d'œuf.

Cependant l'attention était éveillée ; on fit un autre lait de poule, on y introduisit du sucre, de la chaux et différentes autres substances ; mais le même phénomène ne se reproduisit plus. Le même jour, Mme Lafarge mère, au moment où elle donnait des soins à son fils, vit Marie Capelle délayer dans une cuillère une matière blanche, et la présenter ensuite à son mari. Mme Lafarge mère se précipita et voulut empêcher son fils d'avaler, mais il n'était plus temps. Le breuvage administré, Mme Lafarge prit la cuillère qui l'avait contenu, et l'essuya avec une extrême attention.

Le même jour, on prépara une panade. Marie Capelle donna de cette panade à son mari. Ah ! Marie, s'écria-t-il, cela me brûle le gosier. Mademoiselle Brun s'étonnant de cette exclamation, Marie

Capelle lui répondit froidement : Cela ne m'étonne pas, on donne du vin à un malade qui souffre d'une inflammation.

Le soir du même jour, Mme Lafarge prépara une nouvelle boisson. Mademoiselle Brun vit introduire une poudre blanche ; elle remarqua l'accusée s'approcher de la commode et prendre dans un petit pot de fantaisie une dose de cette poudre, dont une traînée resta sur le meuble.

Voilà ce qui se passait le 11 janvier ; voilà comment avec une audace vraiment frénétique, l'accusée prodiguait à son mari des boissons empoisonnées et en faisait disparaître les vestiges. Cependant l'état de Lafarge empirait ; cette nature forte et vigoureuse était vaincue par un lâche attentat. Mademoiselle Brun, effrayée des progrès de sa maladie, raconta ce qu'elle avait vu ; elle dit comment Mme Lafarge, pressée par ses questions sur l'espèce de poudre qu'elle avait prise dans le placard, avait rempli d'eau le vase dans lequel avait bu Lafarge et en avait avalé le contenu ; comment elle avait été toute la nuit tourmentée de coliques. Lafarge ordonna de porter le lait de poule qui lui avait été présenté chez Eyssartier, pharmacien à Uzerches. Ce pharmacien, sans affirmer l'empoisonnement, déclara que Lafarge ne devait prendre de boisson que des gens qui lui étaient complètement dévoués.

On appela le lendemain le médecin Lespinas. Celui-ci, à la vue de Lafarge, reconnut les traces d'empoisonnement : il administra aussitôt du peroxide de fer.

Il y eut alors des larmes, des sanglots : la famille entière se groupa autour du malade pour réchauffer les dernières lueurs de l'existence. Marie Capelle entra dans l'appartement, causa spirituellement avec M Lespinas, qu'elle remercia d'être venu au Glandier par un froid intense.

M. Lespinas se retira ; il revint le soir : le mal

avait fait d'immenses progrès ; tous les symptômes d'une mort prochaine étaient évidents. Il administra cependant de nouveau du peroxide de fer et alla se coucher. Le lendemain, 14 janvier, Lafarge expira.

Les amis de Lafarge étaient là ; l'un d'eux déclara que la maladie avait fait de si affreux ravages que le corps en avait été rapetissé, et avait été rendu méconnaissable.

CHAPITRE IV.

Madame Lafarge accusée d'avoir empoisonné son mari. — Descente de la justice au Glandier. — Découverte des diamans volés à Madame de Léotaud. — Premier jugement de Brives qui condamne Madame Lafarge à deux ans de prison.

Les soupçons qui planaient sur Mme Lafarge devinrent bientôt si puissans, que le procureur du roi lança contre elle un mandat d'amener. Marie Capelle fut emprisonnée d'abord à Brives où elle subit un premier jugement pour vol de diamans. Car dès que le bruit de l'empoisonnement se fut répandu à Paris, les soupçons endormis au sujet des diamans se réveillèrent. M. Allard donna l'idée de faire une descente au Glandier. Cette descente amena la découverte des diamans volés à Mme Léotaud. Alors l'accusation d'empoisonnement sembla corroborée de celle du vol, et Marie Capelle comparut devant la cour d'assises de Brives pour répondre à cette accusation de vol.

Mes Bac et Lachaud, défenseurs de Mme Lafarge cherchent envain à faire renvoyer cette première affaire après celle de l'empoisonnement. Leurs conclusions furent rejetées, malgré leurs chaleureuses plaidoiries. Alors ils crurent, dans l'intérêt de l'accusée, devoir faire défaut. La cour, après le réquisitiore de M. le procureur du roi condamne Marie Capelle à deux ans de prison, et à la restitution des diamans. Ce premier arrêt à été cassé par un arrêt de la cour de Tulle, du 3 septembre 1840. Cette décisisn contre laquelle s'était pourvu M. le procureur du roi, à été maintenue par un arrêt de la cour de cassation du 23 octobre 1840. Suit l'accusation terrible d'empoisonnement dont nous allons reproduire les débats.

CHAPITRE V.

Ouverture des débats sur le crime d'empoisonnement.—Réquisitoire du procureur du roi. — Incident. — Interrogatoire de l'accusée.

L'ouverture des débats de ce procès mémorable eût lieu le 3 septembre 1840. Dès 7 heures du matin, les marches du palais étaient encombrées d'une foule innombrable de curieux, attendant impatiemment l'ouverture du sanctuaire de la Justice. L'accusée, dont la santé entièrement affaiblie exige les plus grands ménagements, avait été, la veille, à 10 heures du soir, sous l'escorte d'un détachement du 52e, en garnison à Tulle, transférée de la prison de ville au palais de justice où l'on avait préparé une chambre de dépôt

A 8 heures les portes sont ouvertes ; des flots de curieux, malgré les précautions prises par la force publique, se précipitent dans l'enceinte. Il est difficile de se faire une idée de l'encombrement de la salle. Les efforts des huissiers et de la gendarmerie sont vains pour faire respecter les places destinées à la famille de l'accusée.

Les membres de la famille de Marie Capelle,

parmi lesquels nous remarquons M. Garat, Mme Collardet, M. et Mme Violaine beau-frère et belle-sœur de l'accusée sont introduits et prennent place devant les bancs des avocats.

Me Paillet, bâtonnier du barreau de Paris, et Mes Lachaud et Théodore Bac, sont chargés de la défense.

La présence de MM. les jurés constatée, M. le président ordonne d'introduire l'accusée. En ce moment on aperçoit un mouvement de curiosité dans la tribune réservée aux dames. Toutes les têtes se pressent pour regarder Marie Capelle traversant le corridor qui conduit de la chambre qu'elle occupe à la salle d'assises.

L'accusée est introduite, elle est vêtue d'habits de deuil, sa tête est couverte d'un chapeau et d'un voile noir qu'elle lève aussitôt. Il est difficile de voir une figure plus pâle et plus maladive; ses yeux profonds et fatigués, ses lèvres décolorées indiquent combien cette frêle organisation a éprouvé d'amères émotions. Tous les yeux sont fixés sur elle avec une attention pénible. Elle n'en paraît pas visiblement émue..

Sur la demande de M. le Président, elle déclare s'appeler Marie Fortunée Capelle, veuve Lafarge, âgée de 24 ans, habitant le Glandier.

Le greffier donne lecture de l'acte d'accusation que nous avons résumé précédemment, et qui se reproduit dans le réquisitoire du procureur du roi. Pendant la lecture de ce document important, tous les yeux se portent sur l'accusée, qui paraît souffrir de cette attention continue, et qui s'efforce d'éviter les regards partant de la tribune des dames. Cependant elle ne baisse point son voile : du reste, la physionomie de Marie Capelle est tellement pâle et abattue, qu'on n'y peut lire les émotions dont elle doit être agitée : elle respire de temps à autre un flacon de sel.

Après cette lecture, la parole est à l'avocat-général.

RÉQUISITOIRE.

M. DECOUX, avocat-général: En prenant la parole dans cette enceinte, livré aux plus douloureuses émotions, comment pourrions-nous exposer avec calme les éléments de cette accusation, comment notre cœur ne se déchirerait-il pas à l'aspect des infortunes entassées dans cette affaire? De quelles émotions ne se sent-on pas saisi en voyant précipiter dans la tombe un homme qui, vous l'apprendrez dans les débats, avait pour l'accusée les sentiments les plus tendres, l'amour le plus passionné! Ce crime a été commis avec une persévérance, une audace inouïes.

L'accusée a été froide et impitoyable! Vous la verrez se précipitant sur sa victime, et l'abreuvant, avec une persistance qui ne s'est pas un instant ralentie, de boissons empoisonnées. L'excès même de cette audace sera pour elle, je le crains, un moyen de défense, tant les natures honnêtes ont peine à croire à la possibilité de crimes si audacieux. Mais n'empiétons point sur les débats; notre mission ici est de rappeler des faits; oui, messieurs, des faits, car tout est là; nous apporterons des preuves, nous appellerons des témoins, nous nous en reposerons ensuite sur la conscience des jurés.

Il y avait au Glandier une honnête famille, composée d'une vieille femme, pauvre femme menacée de tant de douleurs! Elle avait un fils qui lui était tendrement attaché; il n'avait pas reçu une éducation brillante, mais il était bon, généreux, disposé à aimer tendrement. Il avait appliqué toutes les facultés de son esprit à des travaux sérieux et utiles. Maître de forges, tout en lui tendait au progrès de son art; ses jours et ses nuits étaient consacrés au travail. Voilà la position de Lafarge. Oublirai-je de dire qu'il avait une sœur, malheureuse femme à qui les douleurs n'ont pas manqué aussi, et qui depuis lors a pu entendre de bien horribles accusations. Voisins, paysans, ouvriers, toute la contrée était vouée de cœur à cette honorable famille.

En 1839, une cruelle fatalité vint s'appesantir sur elle. Privé d'une première femme, Lafarge sentit bientôt le besoin de nouvelles affections. Il avait une fortune immobilière considérable, et son industrie nécessitait d'importants capitaux. Un mariage pouvait lui venir en aide; Lafarge s'adressa à des personnes honorables, très honorables. M. Gautier, député, fit, à plusieurs reprises, de grands et inutiles efforts pour lui faire contracter une union convenable. Cependant Lafarge, de plus en plus excité par la solitude de son habitation et et par ses habitudes d'attachement, à chercher les douceurs d'un nouvel hymen, partit pour Paris. Là, il dut payer un honteux tribut aux mœurs de notre époque.

Il fut mis en contact avec un individu, agent matrimonial, le sieur de Foy, dont l'espèce d'industrie consiste à mettre en rapport les personnes qui veulent contracter des alliances. Le sieur de Foy, nous devons le croire, était chargé par des membres de la famille de Marie Capelle de faciliter son union; cette jeune fille possédait une petite fortune, 40,000 fr. de capitaux, et le tiers d'une propriété rapportant 3,000 fr. de rentes. Je crois donc pouvoir estimer, sans me tromper, la fortune de Marie Capelle à 80,000 fr. Lafarge fut par de Foy mis en contact avec la famille Garat. Peu de temps s'était écoulé, le mariage était contracté, et les deux époux partaient pour le Glandier. Pendant ce trajet, aucun indice d'une tempête prochaine ne vint révéler à Lafarge ce qu'il avait à craindre. Arrivée au Glandier le 15 août, on se figurerait difficilement avec quels transports l'épousée fut reçue dans sa nouvelle famille. Toutes les dispositions en rapport avec l'état de fortune de Lafarge avaient été prises, pour mettre l'appartement du jeune ménage sur un pied convenable. A peine entrée dans sa nouvelle habitation, Marie Capelle demanda à se retirer dans son appartement. On s'empressa de l'y introduire, et comme elle en avait marqué elle-même le désir, on la laissa seule. A peine cette femme a-t-elle pénétré dans le sanctuaire de cette famille, qu'elle se renferme, et alors il lui vient l'idée d'écrire une lettre que l'on nous accuse à tort, je ne crains pas de le dire, d'avoir qualifiée durement. La voilà donc seule livrée à elle-même, dans ce manoir du Glandier, méditant sur sa position. Elle vous dira, elle l'a déjà dit, que frappée d'épouvante pour l'état délabré de cette habitation qu'on lui avait présentée peut-être sous de trop brillantes couleurs, elle écrivit à son mari la lettre insensée dont je vais vous donner lecture. (Voir cette lettre dans le chap. 2.)

M. l'avocat-général revient ensuite sur les faits de l'accusation déjà énoncés, et sur le vol des diamans.

« Ces diamans, dit-il, ces diamans, Marie Capelle, vous les avez volés, je le dis! Placée ainsi en face de ce délit, quelle conduite deviez-vous tenir? Il fallait avouer le fait, dire qu'un jour, entraînée par une hallucination inextricable, vous aviez mis la main sur cette parure; que vous vouliez la rendre, que vous n'aviez pas osé. Ce système, c'était l'aveu d'une faute; mais ce n'était pas une ignominie.

Je ne crois pas que les fastes de la justice nous offrent l'exemple d'une entreprise pareille à celle que vous avez tentée. Je voudrais penser que vous ne l'avez pas conçue, que vos conseils vous ont égarée; mais je ne puis le croire, cela est impossible.

Oui, vous avez diffamé Mme de Léotaud. Ainsi, à côté du vol se place la calomnie. La calomnie est aussi un empoisonnement, quoiqu'elle ne tue pas le corps; mais elle empoisonne l'esprit.

M. l'avocat-général requiert ensuite l'audition des témoins.

Me Paillet fait naître un incident qui tend à écarter l'accusation du vol des diamants de l'accusation d'empoisonnement.

Messieurs les jurés, dit l'avocat, vous ne pouvez pas être cloués sur vos bancs assistant comme curieux à une accusation pour laquelle vous n'avez pas été appelés. L'intérêt de la famille Nicolaï a été mal compris, c'est devant une autre juridiction que doit s'éteindre la lutte engagée entre nous. Ah! messieurs, la famille Nicolaï, témoin dans ce débat, et vous n'en frémissez pas! Vous l'appelleriez dans une action qui la dispenserait de toute contradiction! Je le crois, c'est l'intérêt de la famille Nicolaï que je soutiens en ce moment. Et qu'on ne dise pas que nous reculons! nous ne reculons que devant ce qui est illégal et contraire aux intérêts de la justice. Que le ministère public engage la question, et je le suivrai sur ce terrain : oui, je l'y suivrai! (Vive agitation.)

M. l'avocat-général combat cette disjonction. La cour, après délibération, déclare que les conclusions de Me Paillet sont non avenues.

M. le président procède à l'interrogatoire de l'accusée.

D. Quels sont vos nom, âge, état, profession, demeure et lieu de naissance? — R. Marie-Fortunée Capelle, âgée de vingt-quatre ans, née à Paris, domiciliée à Paris.

D. Vous êtes accusée d'avoir, dans le courant du mois de janvier dernier, et à des époques antérieures, attenté à la vie de Joseph Lafarge, votre mari, par l'effet de substances susceptibles de donner la mort, et qui l'ont en effet occasionnée.

R. Je suis innocente de ce crime.

D. A une époque rapprochée de votre mariage avec M. Lafarge, n'y eût-il pas entre lui et vous une mésintelligence qui prit même un caractère violent. ? — R. A mon arrivée au Glandier, je fus si mécontente de me trouver dans un lieu aussi solitaire et aussi sauvage, que je fus désespérée, ce qui me donna le plus grand regret d'avoir contracté mon mariage. Mon imagination, exaltée en ce moment, me dicta cette fameuse lettre qu'on m'a si souvent reprochée dans le cours de la procédure.

D. Dans le mois de décembre 1839 et le 15 de ce mois, ne fîtes-vous pas acheter de l'arsenic chez un pharmacien? — R Je me souviens d'avoir fait acheter de l'arsenic chez le sieur Eyssartier, pharmacien à Uzerche, et d'avoir chargé l'un de mes domestiques de cet achat.

D. Quel usage entendiez-vous faire de cet arsenic? — R. Il y avait dans la maison du Glandier une si grande quantité de rats, que je crus ne pouvoir les détruire qu'en faisant une pâtée dans laquelle je mettrais cet arsenic, et que je placerais dans les endroits où je prévoyais qu'ils pourraient venir en manger.

D. Après cette époque, ne préparâtes-vous pas un gâteau que vous adressâtes à M. Lafarge, qui se trouvait à Paris? — R. Non. Je me rappelle seulement qu'au moment où je m'occupais de faire un envoi à mon mari, on me remit quatre ou cinq petits gâteaux qu'on appelle ordinairement choux, qui avaient été préparés par Mme Lafarge ma belle-mère. Je plaçai ces quatre à cinq petits gâteaux dans la caisse que j'adressais à M. Lafarge.

D. Ne plaçâtes-vous pas, dans cette même caisse, un gâteau de la grandeur d'une assiette, d'une forme bombée? — R. Non; je suis assurée de n'avoir placé dans cette caisse que quatre ou cinq petits gâteaux qui avaient la forme d'une orange.

D. En envoyant ces gâteaux à M. Lafarge, ne lui recommandâtes-vous pas de les manger ou de manger de celui dont je viens de parler un jour et à une heure que vous lui désigniez? — R. Je me rappelle avoir engagé M. Lafarge de manger un ou plusieurs des petits gâteaux que je lui envoyais, en lui désignant le jour et l'heure auxquels je désirais qu'il mangeât ces gâteaux; mais je ne lui parlai pas d'un gâteau plus grand ou qui avait toute autre forme que ceux appelés choux, parce que je ne l'avais pas envoyé.

D. Lorsque vous fîtes cet envoi, n'engageâtes-vous pas votre belle-mère à écrire un billet à son fils, dans lequel elle lui dirait que c'était elle-même qui avait préparé ces gâteaux? — R. Non; je n'ai pas demandé cela.

D. N'écrivîtes-vous pas, lors de cet envoi à M. Lafarge, pour lui recommander de manger de ce délicieux gâteau que vous aviez mis dans cette caisse? — R. Je n'ai aucun souvenir de lui avoir écrit pour lui faire une pareille recommandation; je puis bien avoir écrit pour l'engager à manger des gâteaux qu'avait faits sa mère, mais je ne lui fis aucune recommandation spéciale.

D. N'avez-vous pas indiqué à M. Lafarge le 18 décembre, à minuit, pour manger du gâteau ou des gâteaux que vous convenez de lui avoir envoyé, en lui disant que vous en feriez autant chez vous le même jour et à la même heure? — R. Je me rappelle bien avoir indiqué à M. Lafarge le jour et l'heure à laquelle je l'engageais à manger de ces gâteaux, en lui disant que j'en ferais autant le même jour et à la même heure; mais sans me rappeler, comme je l'ai déjà dit, le jour que je lui indiquais; mais seulement l'heure, que je crois être onze heures ou minuit.

D. Après l'envoi des gâteaux ou du gâteau, et l'époque à laquelle vous présumiez que M. Lafarge les avait reçus, ne manifestâtes-vous pas beaucoup d'impatience de recevoir des lettres d'avis, et n'annonciez-vous pas aux personnes qui vous entouraient que vous craigniez de recevoir une lettre cachetée en noir? — R. Non, je ne crois pas même avoir fait une pareille manifestation; j'étais dans l'habitude de recevoir assez fréquemment des lettres de Paris, et comme je me trouvais presque seule au Glandier, j'étais toujours impatiente d'en recevoir.

D. A cette même époque, ne quittâtes-vous pas un jour la table où vous preniez votre repas pour aller au devant du facteur ou porteur de lettres, et pour vous assurer s'il n'en portait pas qui pourraient vous confirmer les craintes que vous aviez d'en recevoir une qui vous annonçât quelque chose de sinistre? — R. Je ne me rappelle pas cette circonstance. C'était ma belle-mère qui ordinairement allait recevoir les lettres adressées au Glandier, et je ne voyais jamais ou presque jamais les personnes qui les portaient.

D. Lorsque M. Lafarge fut de retour au Glandier, et le jour même de son arrivée, ne l'engageâtes-vous pas à manger des débris d'une volaille qui servait à votre repas et de quelques truffes dont avaient été farcie cette volaille? — R. Je me rappelle que le soir de l'arrivée de M. Lafarge, il se mit immédiatement dans son lit; que je pris mon repas à côté de lui; je ne me rappelle pas l'avoir engagé à manger de cette volaille et surtout des truffes, parce que je savais qu'il avait vomi toute la journée, et que ce n'étaient pas les mets que je lui aurais offerts.

D. Ne remarquâtes vous pas qu'après que M. Lafarge eût mangé de cette volaille ou des truffes, les vomissements qu'il avait déjà éprouvés se manifestaient avec des symptômes beaucoup plus violents, et ne fut-on pas obligé d'aller appeler un médecin pour lui donner des soins? — R. Je me rappelle seulement que dans la journée du lendemain les vomissements qu'avait éprouvés M. Lafarge devinrent plus violents et qu'on fut obligé dès le lendemain d'appeler M. Bardou, médecin, pour lui donner des secours. Ce médecin n'arriva que dans la nuit suivante.

D. Pendant que votre mari était dans cet état, ne vous opposâtes-vous pas à ce que d'autres personnes que vous lui donnassent des soins, et notamment votre belle-mère, avec laquelle vous eûtes à ce sujet une querelle assez vive, en présence de M. Bardou? — R. C'est ma belle-mère et les personnes de la maison qui donnaient leurs soins à M. Lafarge; ce ne fut que lorsque je m'aperçus que ma belle-mère, qui avait déjà passé plusieurs nuits auprès de son fils, voulait continuer, que je l'engageai à s'aller reposer, et que je m'occupai des soins à donner à M. Lafarge. Au reste, dans les soins que je lui ai donnés, j'ai toujours été assistée par une ou deux personnes au moins.

D. Après l'arrivée de M. Lafarge au Glandier, et le 5 janvier dernier, ne vous servîtes-vous pas d'une ordonnance qu'avait faite le médecin pour obtenir de la part du pharmacien une délivrance d'arsenic? — R. Je n'ai placé ni fait mettre aucune note sur l'ordonnance du médecin, et si une demande a existé sur cette note, c'est le médecin qui avait dû la faire. Au reste, cette demande ou tout ce que contenait la note avait été communiqué à M. Lafarge lui-même.

D. A la même époque, ne fîtes-vous pas demander de l'arsenic à un pharmacien de Lubersac, qui refusa de vous en livrer? — R. Je ne me le rapelle pas.

D. Un peu plus tard, n'avez-vous pas chargé un sieur Denis, employé dans l'usine, de vous apporter de Brives de l'arsenic? — R. Je me rappelle avoir chargé le sieur Denis de m'apporter de Brives de l'arsenic ou des ratières; mais je ne lui demandai pas le secret de ma commission.

Après avoir reçu cet arsenic, ne demandâtesvous pas qu'on vous fit un lait de poule ? — R. Je ne me rappelle pas. Je suis même sûre qu'on me l'apporta sans l'avoir demandé.

D. Après avoir reçu cet arsenic, ne fîtes-vous pas faire un lait de poule pour vous, et ne le partageâtes-vous pas ou n'en donnâtes-vous pas une partie à votre mari. — R. Voici ce que je me rappelle. Je me suis mise dans mon lit, étant très fatiguée ; ma belle-mère me sollicita pour prendre un lait de poule ; ma belle-sœur ne voulut pas que ma femme de chambre le fît, et c'est ma belle-mère qui le prépara. On me le porta dans mon lit. Je pris ce lait de poule ; dans lequel j'avais mis de la gomme ; mon mari manifesta le désir de prendre une partie de ce lait de poule. Je l'avais déjà achevé, ou presque en entier, lorsque mon mari en faisait la demande. On en fit de suite un autre, c'est-à-dire ma belle-sœur en prépara un autre ; elle me le porta auprès de mon lit pour faire en sorte de persuader à M. Lafarge que c'était une partie de celui qu'on avait préparé pour moi.

D. Lorsqu'on vous eut préparé ce lait de poule, y mîtes-vous quelque substance ? — R. J'y mis de la gomme, comme j'avais fait dans celui que j'avais pris. Quelqu'une des personnes qui étaient dans la chambre prit ce lait de poule et fut le porter à mon mari.

D. Ne teniez-vous pas dans vos mains la tasse ou le bol dans lequel était le lait de poule, et ne vous empressâtes-vous pas de le placer sur votre table de nuit au moment où Mlle Brun entrait dans votre chambre ? — R. Non ; je n'avais pas à me cacher de Mlle Brun.

D. Ne vous rappelez-vous pas que ce même jour, c'est-à-dire le 11 janvier, on prépara une boisson pour M. Lafarge, dans laquelle on avait mêlé un peu de vin, que vous prîtes le verre ou le vase dans lequel était cette boisson ? Vous rappelez-vous avoir ouvert le tiroir de votre commode, en avoir retiré une substance quelconque, et l'avoir mise dans cette boisson, en la mêlant avec une cuillère que vous vous empressâtes de bien essuyer? — R. Je ne me rappelle pas avoir vu préparer ou préparé aucune boisson pour M. Lafarge, dans laquelle on eût mêlé du vin; je suis bien sûre, si cette boisson a été preparée, de n'y avoir ajouté ni gomme ni aucune autre substance.

D. Vous rappelez-vous avoir donné cette boisson à M. Lafarge, et qu'en la recevant il vous fit observer que ça lui brûlait la gorge? — R. Je ne me rappelle pas avoir donné cette boisson à M. Lafarge; tout ce que je me rappelle, c'est que M. Bardou soufflait de l'alun en poudre à M. Lafarge, et qu'en recevant cette espèce de poussière dans le gosier, M. Lafarge disait à M. Bardou: Cela me brûle le gosier.

D. Le même jour, n'aviez-vous pas, sur une table de votre chambre, un verre qui contenait une petite quantité d'eau et sur laquelle on remarqua une poudre blanche; Mlle Brun, qui fut une de celles qui firent cette remarque, ne vous demanda-t-elle pas ce que vous aviez mis dans ce verre, et sur sa demande, ne vous empressâtes-vous pas d'ajouter une grande quantité d'eau en disant que vous alliez la boire; qu'en effet vous bûtes cette eau qui vous occasionna peu de temps après des coliques et des vomissements? — R. Je me rappelle bien qu'à cette époque je pris un grand verre d'eau gommée, et je n'en éprouvai aucun fâcheux résultat ni douleur. dans ce temps-là, j'avais un estomac assez dérangé, j'étais obligée de vivre de régime, et toutes les fois que je faisais usage d'aliments un peu trop pesants, j'étais assurée d'éprouver des coliques et des vomissements.

D. A la même époque, ne mêlâtes-vous pas

une poudre blanche dans une potion qu'on avait préparée pour M. Lafarge, et qu'on lui donnait par intervalle, à la cuillerée ; et votre belle-mère voyant que vous mêliez quleque poudre dans cette potion, ne vous demanda-t-elle pas ce que vous y mêliez ? — R. Je me rappelle avoir mis de la gomme pulvérisée dans une potion qu'on donnait par intervalle à M. Lafarge.

D. Après avoir mis cette substance dans la potion, ne plaçâtes-vous pas la cuillère avec laquelle vous aviez fait ce mélange sur la cheminée ou dans tout autre endroit de l'appartement ? — R. Je me rappelle avoir placé cette cuillère sur la cheminée ou sur tout autre meuble de l'appartement, en disant à Mlle Pouthier que la potion serait toute préparée pour la donner à M. Lafarge.

D. Savez-vous si M. Lafarge faisait des frictions avec de la flanelle d'Angleterre, ou si on lui faisait des frictions ? — R. Je n'ai jamais frictionné moi-même M. Lafarge ; je l'ai vu frictionner avec de la flanelle d'Angleterre ; mais je n'ai jamais eu dans mes mains cette étoffe.

D. Ne remarquâtes-vous pas que M. Lafarge, dans ses derniers moments, paraissait vous voir avec peine autour de son lit ? — R. Je m'aperçus bien que, quelques heures avant sa mort, il ne me regardait pas avec le même intérêt qu'auparavant, et j'attribuai ce changement à quelque mauvais rapport qu'on avait fait sur mon compte.

D. Ne vous dit-il pas surtout ces mots : « Tu me fais mal, va-t-en ? » — R. Non.

D. A quelle heure quittâtes-vous l'appartement de votre mari à sa mort ? — R. Je le quittai à l'heure de minuit, et je ne rentrai plus dans son appartement. Il expira à quatre heures du matin.

CHHPITE VI.

Audition des premiers témoins à charge. — Lettre de M. Orfila. — Adjonction de nouveaux chimistes aux premiers pour procéder à une nouvelle expertise.

Le premier témoin appelé est M. Lespinas, directeur du haras de Pompadour.

Ce témoin donne quelques détails sur Lafarge et sur le Glandier, qui offrent peu d'intérêt ; le deuxième appelé est M. Bardou médecin.

M. BARBOU. Dans la nuit du 4 au 5 janvier dernier, je fus appelé auprès de M. Lafarge pour lui donner me soins : je trouvai le malade fatigué; les principanx symptômes étaient une vive coloration de la face, une grande excitation, de nombreux vomissements, de la rougeur à l'arrière-bouche, une voix enrouée, une soif plus qu'ordinaire, le pouls calme. Je demandai à la famille à quoi elle attribuait l'état du malade. M. Lafarge lui-même déclara avoir éprouvé à Paris les mêmes symptômes. Mme Lafarge me déclara que le soir de son arrivée, il avait mangé des truffes qui avaient pu lui occasionner une indigestion. Je diagnostiquai sur ces données

Avant d'aller me reposer, je passai un instant au milieu de la famille, Mme Lafarge me parla des ravages occasionnés par les rats, au Glandier, et me demanda un mot pour le pharmacien Eyssartier ; je le lui donnai. Le lendemain, les symptômes devinrent plus prononcés ; j'usai franchement d'un traitement anti-phlogistique et fis une ordonnance ; au bas de cette ordonnance, pour qu'il n'y eût pas double envoi, je demandai l'arsenic, néanmoins, je pris mes précautions pour que le billet donné la veille à Mme Lafarge, et que je ne pouvais pas retirer (elle n'était pas levée) ne fît pas double emploi.

Me Paillet demande au témoin si lorsque Mme Lafarge voulut avoir de l'arsenic elle en fit la demande avec mystère. — Nullement répond M. Bardou : ce fut dans la chambre du malade, et en présence de beaucoup de personnes. (Sensation.)

Le lendemain, ajoute le témoin, Lafarge était plus mal. Les vomissements continuaient avec une fréquence effrayante. Cependant vers le 11 janvier je crus remarquer un peu d'amélioration. Je partis pour Coussac, le 14 au matin ; au moment où je mettais le pied à l'étrier, j'appris que ce pauvre Lafarge n'était plus. (Une très vive émotion se manifeste chez ce témoin ; quelques larmes roulent dans ses yeux : M. le Président l'engage à s'asseoir et à se calmer.

Le témoin, ayant toujours les larmes dans les yeux, continue . Cette nouvelle de mort me bourrela ; j'étais chagrin d'avoir abandonné le pauvre Lafarge. Cependant quelque chose me consolait ; je me disais : Fussé-je resté au Glandier, je ne l'aurais pas sauvé. En quittant Coussac, je ne passai pas par le Glandier ; mais en chemin je trouvai le procureur du roi et le juge d'instruction qui se rendaient sur les lieux. Nous causâmes du malheur qui venait d'arriver (nouvelle émotion chez le témoin). Ces messieurs me dirent qu'ils allaient faire une instruction judiciaire. Je continuai mon chemin; je fis cinq ou six lieues ; mais je retournai et pris au galop la route du Glandier. Là, j'appris des choses qui ébranlèrent ma conviction. J'appris qu'on supposait un empoisonnement. Je connaissais ce caractère exalté. Je dis que cette malheureuse famille commettait une grande imprudence d'appeler l'action de la justice sur des données incertaines.

Au Glandier, j'assistai à l'autopsie du cadavre. Pressé par mon confrère, M. Massénat, quoique je désirasse beaucoup m'édifier, j'hésitais à assister à l'autopsie d'un homme dont j'avais été l'ami. Nous procédâmes à l'autopsie; le cadavre ne présentait à l'extérieur d'autre lésion que deux ecchymoses aux coudes; nous les attribuâmes à la position fatigante que les vomissements imposaient à M. Lafarge. Nous recueillîmes les liquides contenues à l'intérieur; nous ouvrîmes l'estomac, mais nous ne trouvâmes pas, comme cela aurait pu avoir lieu, des parcelles d'arsenic attachées aux parois. Toutefois, nous découvrîmes des rougeurs disposées par plaques; il y avait même au bas de cet organe une tache noire, gangréneuse et étendue; le cœur était volumineux et d'une coloration plus foncée qu'à l'ordinaire. Les autres parties examinées ne présentèrent rien de notable. A la suite de notre examen, nous fîmes un rapport, mais nous ne voulûmes pas donner des conclusions avant l'analyse chimique. Quelques jours après nous procédâmes à cette analyse. Parmi les substance dont l'examen nous fut soumis étaient de la gomme, de la bière, du sucre en poudre et des matières vomies. Nous ne trouvâmes dans ces différentes matières aucune trace d'arsenic, du moins, rien de décisif. Un lait de poule nous fut ensuite présenté, nous y trouvâmes des traces évidentes d'arsénic; une poudre blanche reposait au fond du vase. Exposée à l'action du feu, elle donna une fumée blanche et une odeur alliacée; les opérations poursuivies amenèrent enfin une résolution métallique.

L'eau panée produisit les mêmes précipités; mais nous n'en obtînmes pas de résolution métallique : ces précipités, introduits dans un tube, donnèrent des granulations grises et brillantes qui nous semblèrent de l'arsenic métallique.

Les tissus de l'estomac analysés ne donnèrent pas d'arsénic métallique, mais nous obtînmes un précipité jaune-serin floconneux considéré dans la science comme du sulfate d'arsenic. Tous les précipités obtenus furent introduits dans un tube pour arriver à la résolution métallique; mais quelques précautions ayant été négligées, le tube fut brisé et les précipités évaporés. Néanmoins, malgré cette circonstance, les résultats que nous avions obtenus suffisaient pour former notre conviction et nous faire conclure que les taches constatées dans l'estomac avaient été produites par un empoisonnement arsenical.

M. L'AVOCAT-GÉNÉRAL. Et la flanelle?

M. BARDOU. La flanelle nous donne un précipité semblable à ceux déjà obtenus.

M. L'AVOCAT-GÉNÉRAL. Amenâtes-vous ce précipité à l'état métallique? — R. L'accident arrivé au tube nous empêcha de compléter l'expérience.

D. Comment en langage scientifique appelez-vous le produit obtenu. — R Sulfure d'arsenic.

Le témoin déclare ensuite avoir assisté à une querelle entre Mesdames Lafarge au sujet des soins à donner au malade. « J'entendis fort distinctement Mme Lafarge mère dire : Rien ne m'empêchera de donner des soins à mon fils; vous aurez beau faire, beau dire; trouvez-le bien, trouvez-le mal, rien ne m'empêchera de soigner mon fils. »

M. Bardou termine sa déposition en disant qu'il n'a pas un instant soupçonné l'empoisonnement. Il prenait la maladie de M. Lafarge pour le *Valvulus* qui produit à peu près les mêmes symptômes.

Le troisième témoin est M. l'Espinas, docteur-médecin à Lubersac; voici sa déposition :

Dans la nuit du 12 au 13 janvier je dormais paisiblement lorsque je fus subitement éveillé par un domestique qui m'annonça une visite. On introduisit près de moi un homme couvert d'un ample manteau; sa figure était sombre et mystérieuse, ainsi que le son de sa voix. Il me dit que

M. Lafarge était bien malade ; qu'on supposait qu'il était empoisonné et il réclamait absolument ma présence. Je me levai de suite, mais le Glandier étant très-éloigné de tout secours, j'envoyai Denis (c'est l'homme qui se présentait aussi chez moi) chez le pharmacien de Lubersac pour faire préparer une ordonnance.

Nous arrivâmes au Glandier à 3 heures du matin. Je fus introduit près du malade. Je le trouvais pâle, amaigri, en proie à des coliques violentes et à une agitation à la suite de laquelle il tombait en syncope. Je lui administrai du protoxide de fer.

Le témoin ajoute ensuite qu'ayant déclaré à la famille ses soupçons sur l'état de Lafarge, Mme Bussières s'écrie : « Ah! la malheureuse! c'est elle qui l'a empoisonné. » Et qu'alors Mlle Anna Brun dit avoir vu Mme Lafarge prendre de la poudre blanche et la mettre dans une potion. Qu'ayant averti M. Lafarge de se méfier de sa femme, il répondit : C'est bien malheureux.

Je lui demandai si, avant de quitter Paris il avait été malade. Il me répondit : J'ai eu des vomissements qui ont duré 24 heures après avoir mangé du gâteau.

Je quittai le Glandier, j'y retournai le même jour, 13 janvier, je m'étais muni de peroxide de fer que je donnai au malade. Il était plus affaibli, perdait souvent la parole et ne reconnaissait que difficilement pendant ses syncopes.

Les mouvements du cœur étaient désordonnés; ceux du pouls s'arrêtaient et ne reprenaient qu'après les syncopes. Madame Lafarge demanda s'il était nécessaire d'appeler un curé, je fus de cet avis et j'ajoutai même qu'il n'y avait pas de temps à perdre; un domestique fut expédié pour le chercher.

Madame Lafarge parut soucieuse, elle s'affectait de l'éloignement que son mari témoignait pour elle;

il ne cherche plus mes yeux, disait-elle, il ne prend plus de ma main. Elle était pensive, et je remarquai une larme sous ses paupières.

Madame Lafarge mère se laissa tomber sur une chaise et se livra à sa douleur, mais la syncope du malade étant finie, il se tourna vers sa mère, et lui dit : Maman, vous me faites bien du mal ; je vous prie, allez-vous-en ! il dit à sa sœur : Aména, à boire !

Madame Lafarge s'approcha du lit et lui présenta une cuillère, mais le malade ayant ouvert les yeux, reconnut sa femme, et fit un geste repoussant ; cependant il but la potion qui lui était présentée, et il fit un signe muet qui m'indiquait sa femme ; je lui répondis : je veille sur elle.

Je couchai au Glandier ; je me relevai vers les trois heures du matin ; le malade était plus faible qu'il n'avait jamais été, ses forces s'en allaient de plus en plus, et elles devaient bientôt s'éteindre entièrement.

Nous entendîmes dans la chambre de madame Lafarge des efforts de vomissements qui paraissaient très fatigants. Mademoiselle Poutier me dit : Elle vomit, elle est très souffrante. Mademoiselle Poutier fut chargée par madame Lafarge de faire une commission près de M. Lafarge ; il se retourna et ne répondit pas, quoiqu'elle lui eût dit que son silence ferait beaucoup de mal à sa femme. Les vomissents de madame Lafarge continuaient ; il serait à désirer, avons-nous dit, que si elle a pris du poison, la dose en fût assez forte pour la faire succomber (impression profonde.)

Enfin l'infortuné Lafarge s'éteignit vers les six heures du matin, et je quittai le Glandier à huit heures.

Le témoin ajoute encore qu'ayant été commis pour procéder à l'autopsie du cadavre et à l'expertise chimique des vomissements et des boissons il constata partout de l'arsenic.

Le quatrième témoin est M. Tournadour, médecin à Brives. Sa déposition ne diffère en rien des deux précédentes, si ce n'est qu'il découvrit de l'arsenic dans un pot blanc à l'usage de madame Lafarge.

Le cinquième témoin est M. Massénat, médecin à Paris, autrefois domicilié à Brives. Sa déposition est analogue à celle de M. Bardou ; il ne soupçonne point l'empoisonnement dans la maladie de M. Lafarge. Commis pour procéder aux opérations chimiques, il déclara que malgré l'accident arrivé pendant l'analyse au tube contenant un précipité jaune et floconneux, il croit fermement à l'empoisonnement. Il a, dit-il, obtenu l'assentiment de M. Orfila.

Me. Paillet. — La lettre que vous a écrite à ce sujet M. Orfila est du 31 juillet ; en voici une du 20 août qui dément votre assertion.

« Paris, le 20 août 1840

» Monsieur,

» Vous me demandez, par votre lettre du 17 de ce mois, s'il suffit, pour affirmer qu'une liqueur recueillie dans le canal digestif d'un cadavre, ou préparée en faisant bouillir dans de l'eau distillée une partie de ce canal, contient de l'acide arsénieux, d'obtenir avec elle, et de l'acide sulfydrique *un précipité jaune, floconneux, soluble dans l'ammoniaque. Non, monsieur.* (Profonde sensation.)

» Tous les médecins légistes prescrivent de réduire par un procédé quelconque le précipité jaune et d'en retirer l'*arsenic métallique.* J'ai longuement insisté dans mes ouvrages sur la nécessité de recourir à cette extraction, et j'ai vivement blamé ceux qui, ayant négligé de la faire, concluaient cependant à la présence d'un composé arsenical dans les flocons jaunes dont il s'agit.

» En 1830, Barruel et moi avons rendu compte, dans le tome 3 des *Annales d'hygiène*, une affaire judiciaire dans laquelle vous trouverez la solution de la question que vous m'adressez. Des experts qu'il est inutile de nommer élevaient de graves soupçons d'empoisonnement, par cela seul qu'ils avaient obtenu, en traitant certains liquides par l'oxide sulfydrique, un précipité jaune, floconneux, soluble dans l'ammoniaque. Nous reconnûmes que cette prétendue préparation arsenicale jaune ne contenait pas un atôme d'arsenic lorsqu'on cherchait à la réduire, et qu'elle n'était autre chose qu'une matière animale contenue dans la bile. M. Chevalier vient d'insérer dans le dernier numéro du *Journal de Chimie médicale* une note dans laquelle il annonce avoir trouvé deux fois, depuis 1830, une substance analogue. » ORFILA. »

Me PAILLET, continuant. M. Orfila n'en est pas resté là : il m'a communiqué ses ouvrages sur la matière; il a même, pour rendre ces transmutations de matières plus claires à mon esprit, fait des expériences devant moi, pauvre ignorant.

M. L'AVOCAT-GÉNÉRAL. Vu la gravité des faits qui viennent d'être exposés, nous demandons qu'il plaise à la cour, en vertu du pouvoir discrétionnaire de M. le président, faire comparaître M. Orfila devant elle.

M. LE PRÉSIDENT, après avoir consulté la cour. Sans rejeter la demande du ministère public, la cour surseoit à statuer jusqu'après l'analyse des nouveaux chimistes. Monsieur Massénat, en ame et conscience, vous avez pensé que, nonobstant l'incomplet de votre opération, l'empoisonnement était constaté? — R. Tel a été mon sentiment.

M. L'AVOCAT-GÉNÉRAL. Nous avons épuisé la liste des témoins appelés à fixer les éléments graves de l'instruction; nous requérons maintenant une nouvelle expertise faite par MM. Dubois père et fils et M. Dupuytren, pharmaciens à Limoges, auxquels nous proposons d'adjoindre MM. Lespinas et Massénat.

La défense s'opposant à cette adjonction, la cour

ordonne que l'expertise sera faite par les trois premiers experts appelés.

La cour, avec l'assentiment de la défense, ordonne que M. Lespinas sera adjoint pour les dispositions préliminaires. M. le président fait observer à messieurs les experts qu'ils ne devront opérer que sur une partie des matières soumises à leur examen.

On procède à l'ouverture de la caisse contenant les pièces de conviction. Les différents vases et paquets sont exposés sur la table, mais cette partie de l'instruction paraît avoir été conduite avec tant de négligence que les matières non étiquetées se trouvent confondues et méconnaissables. Cette irrégularité, qui fait perdre à la cour un temps considérable, ne peut être complètement réparée, et force M. le président d'en appeler aux souvenirs des premiers experts, qui à grand' peine et avec des souvenirs confus, donnent un nom à ces différentes matières. La défense s'élève de nouveau pour blâmer la négligence qui a présidé à cette instruction.

Les différentes pièces de conviction, les poudres entre autres, sont mises, d'après le vœu de la loi, sous les yeux de l'accusée, qui déclare ne pouvoir les reconnaître.

Cette déclaration sera insérée au procès-verbal.

Parmi les pièces de conviction qui ne sont pas soumises aux experts se trouvent un buvard sur lequel on avait trouvé une poudre blanche déclarée négative, différents autres objets dont l'accusation ne s'est pas encore armée, et entre autres une petite boîte renfermant des bijoux et des mouches cantharides.

CHAPITRE VII.

Audition de nouveaux témoins. — Madame Lafarge, mère de la victime, est entendue. — Nouvel interrogatoire de madame Lafarge. — Opération des chimistes. Ils déclarent que les vomissements, l'estomac et les viscères ne contiennent pas un atome d'arsenic.

—

M. le curé d'Uzerches est entendu.

JACQUES BOUTIN, curé à Uzerches. Tout ce que je puis dire, ne peut être qu'infiniment honorable pour la famille Lafarge, avec laquelle d'ailleurs j'ai eu très peu de relations. Il m'a semblé remarquer une parfaite union entre tous ses membres. Je suis allé dîner une fois au Glandier, au moment où se trouvait réunie la famille, et je me suis plu à contempler le tableau du bon accord qui régnait dans cette maison. La mère et la sœur surtout semblaient toujours se caresser de l'œil. J'ai eu des relations avec l'accusée comme confident religieux, et je prie la justice...

M. le président fait un geste qui indique au témoin qu'il comprend ses scrupules.

INTERROGATOIRE DE MADAME LAFARGE MÈRE.

M. LE PRÉSIDENT. Introduisez madame Lafarge mère.

Me PAILLET. Je me borne à faire observer à la cour qu'un article formel de la loi, que M. le président a déjà lu dans le cours de ces débats, défend d'entendre le témoignage des ascendants et des descendants des accusés.

L'audiencier conduit par le bras, en la soutenant la vieille mère de Lafarge. Celle-ci, à la vue de cet auditoire dont tous les regards sont fixés sur elle, à la vue du banc des accusés où est assise celle qu'elle a long-temps appelée sa fille, à la vue surtout de cette caisse fatale dans laquelle se trouvaient encore, il y a peu d'instants, partie des restes inanimés de son fils, fond en larmes et ne se trouve pas la force pour faire un pas. C'est avec la plus grande peine qu'elle parvient à monter sur l'estrade disposée au milieu de l'enceinte pour les témoins.

M. LE PRÉSIDENT. Madame, je vous fais observer qu'il faut que MM. les jurés, la cour, la défense, puissent vous entendre. Nous comprenons la gravité de votre position, combien elle en emprunte au rôle que vous êtes appelée à jouer dans ce débat et à la moralité même que les témoins déjà entendus se sont accordés à proclamer en votre faveur.

Le témoin déclare se nommer Marie Adelaïde Poutier, veuve Pouch Lafarge, âgée de 63 ans, demeurant à Faye (Haute-Vienne). (Le témoin répond d'une voix si faible que ses réponses arrivent à peine jusqu'aux sténographes, éloignés d'elle seulement de quelques pas.)

MADAME LAFARGE MÈRE. Je demande de l'indulgence pour moi, je suis bien troublée...

M. LE PRÉSIDENT. Toute l'indulgence et toute l'attention possibles vous seront accordées. Mais il faut prendre sur vous de faire des efforts.

MADAME LAFARGE MÈRE. J'ai la mémoire bien fatiguée, et si vous vouliez m'adresser des interrogations, vous m'obligeriez beaucoup; les dates surtout m'échappent.

La longue déposition de Mme Lafarge mère n'est que la reproduction des faits déjà connus, empreinte d'une tristesse toute maternelle qui produit une vive impression sur l'auditoire.

NOUVEL INTERROGATOIRE DE MARIE LAFARGE.

M. L'AVOCAT-GÉNÉRAL. En arrivant au Glandier vous avez écrit cette lettre que nous avons lue au commencement des débats, et vous avez déjà expliqué que c'était le désespoir dont vous aviez été saisie en arrivant au Glandier qui vous l'a dictée. Cependant nous vous voyons, après avoir écrit cette lettre si singulière, si inexplicable, vous mettre tranquillement à la table et en faire les honneurs. Ce sont les expressions de votre belle-mère. Combien êtes-vous restée de temps dans votre chambre?

L'ACCUSÉE. Je suis restée deux heures dans cette chambre.

D. Quand écrivîtes-vous cette lettre? — R. Je pense bien que c'est avant le dîner.

D. Et vous-même avez dit que vous l'aviez écrite sous l'impression d'un sentiment de désespoir que vous avait inspiré la vue de l'habitation du Glandier, celle de votre appartement que vous trouviez peu garni de meubles convenables, et l'aspect d'une solitude qui paraissait devoir être votre dernière demeure. — R. Tout ce que je puis dire c'est que je l'ai écrite sous une impression extrêmement pénible. Je ne voulais pas rester, et une fois ma résolution prise, je me sentis un peu calmée. Il me semblait que j'avais mis sur le papier tout ce que j'avais dans le cœur, et que désormais ma destinée était fixée.

M. L'AVOCAT-GÉNÉRAL. On conçoit difficilement qu'aux préoccupations sous l'empire desquelles vous aviez écrit cette lettre, que vous reconnaissiez vous-même insensée, ait succédé un état calme et tranquille.

L'ACCUSÉE. Je vous assure, monsieur, que je n'étais pas tranquille du tout; j'étais bien loin d'être calme, et, pour vous le dire, je voyais approcher le soir avec une peur épouvantable.

M. L'AVOCAT-GÉNÉRAL. Il paraît que dans cette

explication, qu'à grand peine obtint le malheureux Lafarge, vous vous êtes laissée aller à des menaces; que vous lui avez dit, par exemple, que si vous vouliez, il n'existerait pas dans 24 heures.

L'ACCUSÉE. Je suis sûre de ne l'avoir pas dit.

M. L'AVOCAT-GÉNÉRAL. Dans votre explication, il paraît qu'il a été question d'arsenic, de poison. C'est avec étonnement qu'on voit de pareils mots se rencontrer sur les lèvres d'une jeune fille qui a reçu une brillante éducation, dont l'intelligence est beaucoup au dessus de l'intelligence commune. Il paraît que, comme la sœur de Lafarge vous en faisait l'observation, vous auriez dit : « c'est une maladie de famille. »

L'ACCUSÉE. Je ne l'ai pas dit. J'ai pu dire dans mon délire, par exemple, que je prendrais du poison si on ne me laissait pas en aller.

M. L'AVOCAT-GÉNÉRAL. Il est possible que cette lettre que vous avez écrite, étant dans votre pensée en ce moment-là le résultat d'une volonté inébranlable, vous vous soyez dit : je vais essayer de l'intimider, et que dans cette intention vous ayez dit à votre belle-sœur : soyez d'autant plus effrayée que c'est une maladie de famille.

L'ACCUSÉE. Mais d'abord je n'ai jamais compris cette maladie-là, ni tous les autres propos qu'on me prête. Tout ce que je me rappelle, c'est avoir dit : « Je veux une séparation. » A quoi M. Lafarge repondit : « Je n'y consentirai jamais. »

M. L'AVOCAT-GÉNÉRAL. M. Lafarge ne vous demanda-t-il pas un mois de délai; ne vous dit-il pas: « Après ce délai, si vous avez toujours pour moi le même éloignement, nous nous séparerons. » A-t-il tenu ce langage? — R. Oui, à peu près; mais il a été question du délai d'un mois à ma demande. C'est moi qui ai demandé ce délai.

M. L'AVOCAT GÉNÉRAL. Mais n'avez-vous pas répondu avec l'accent de la menace, alors que votre mari se refusait à la séparation : « Cette séparation, je l'aurai! »

L'ACCUSÉE. Je n'ai pas dit un mot de tout cela. Je sais bien que j'aurais fait tout au monde pour me séparer, pour m'en aller.

M. L'AVOCAT-GÉNÉRAL. Quelles étaient donc les raisons qui vous portaient à vous en aller. Vous aviez vu Lafarge avant de l'épouser, vous aviez fait vos réflexions. Il vous entourait, vous l'avez dit vous-même, des soins les plus prévenans.

L'ACCUSÉE, vivement. Mais, monsieur, je ne trouve pas qu'il m'ait accablée de soins, de prévenances, pendant ce malheureux voyage de Paris... (L'accusée s'arrête comme si elle ne pouvait continuer, et parle à son défenseur.)

Me PAILLET. Mme Lafarge ne trouve pas qu'il y ait eu des prévenances; par exemple, dans la scène d'Orléans. Elle ne peut sur ce point, et en audience publique, donner des explications. Mais enfin elle veut faire entendre que les démonstrations d'Orléans ne lui ont pas paru rentrer dans la classe des prévenances, des attentions dont on vient de parler. Mme Lafarge, on le sent bien, ne peut pas s'expliquer.

M. L'AVOCAT-GÉNÉRAL. Passons à autre fait, et écoutez-moi bien. Vous avez écrit à votre mari de manger le gâteau ou les gâteaux, le mardi, à onze heures précises, en face de votre portrait en prenant le thé avec votre sœur?

R. Je ne me rappelle pas la circonstance du portrait et du thé; je me rappelle que je lui ai dit de les manger à onze heures du soir avec ma sœur.

D. Il paraît résulter de la lettre de Lafarge écrite en réponse à la vôtre que vous lui aviez fait cette recommandation. On lit, en effet, dans cette lettre : « Tu m'engages donc à manger à minuit précis le délicieux gâteau? » Vous rappelez-vous cette circonstance?—R. Je lui ai envoyé plusieurs gâteaux, je ne pouvais pas l'engager à les manger seul.

D. Lui disiez-vous dans votre lettre que vous

feriez à la même heure au Glandier un repas semblable? — R. Oui, monsieur.

D. Mais il était difficile qu'il les mangeât à minuit et à l'heure indiquée avec votre sœur, qui se trouvait d'ailleurs à Orléans? — R. Je ne savais pas que ma sœur fût à Orléans; je savais qu'à Paris le thé se prend ordinairement à onze heures, et j'écrivais cela dans la supposition que ma sœur serait à cette heure-là avec M. Lafarge.

D. Vous avez demandé à votre belle-mère d'écrire à son fils? — R. Je ne lui ai pas dit d'écrire à son fils. Elle a écrit, et je n'ai pas lu sa lettre; si, comme elle l'a prétendu, je l'avais trouvée mal faite, je ne l'aurais pas envoyée.

D. En faisant écrire cette lettre à votre belle-mère, vous aviez, d'après l'accusation, un projet. Vous vouliez, dans le cas où Lafarge serait mort, vous protéger à l'avance par cette lettre contre les investigations de la justice. Avez-vous manifesté des craintes, parlé d'une lettre cachetée de noir?

R. Je ne me le rappelle pas.

D. En supposant que vous ayez manifesté ces craintes, comment pourriez-vous les expliquer?

R. Je ne puis expliquer une chose que je n'ai pas faite, que je ne sais pas.

D. Avez-vous demandé combien de temps les veuves portaient le deuil dans ce pays-ci?

R. Je n'ai aucun souvenir de cela.

D. Avez-vous dit que votre mari se plaignait sans beaucoup souffrir, qu'il était douillet?

R. Jamais je n'ai rien dit de semblable. Je voulais même qu'on appelât un autre médecin, M. Cezerac; j'ai même à cet effet prétexté des douleurs d'estomac pour le faire appeler.

D. Lorsque M. Lespinas est venu, qu'il a trouvé Lafarge au plus mal et qu'il lui a donné du contre-poison, vous avez manifesté le plus grand sang-froid, vous avez parlé de promenades à cheval. — R. J'étais si peu calme et impassible que c'est moi qui ai envoyé chercher M. le curé. Demandez à M. le curé si j'étais calme.

Après ce nouvel interrogatoire, on annonce que les chimistes sont prêts à faire leurs rapports. (marque d'attention.)

M. DUBOIS prend la parole au nom des experts. (Profond silence.) « Nous commençons, dit-il, par remettre à M. le président la moitié des matières organiques qui nous avaient été confiées par la cour. Voici le vase contenant l'estomac. Les substances qu'il contient ne présentaient aucune forme organique; le viscère était desséché et présentait un poids total de 33 grammes.

» Voici maintenant la caraffe contenant une partie des liquides de l'estomac; troisièmement une bouteille contenant les liquides des vomissements; une autre bouteille contenant les mêmes liquides.

» Nous nous sommes, M. le président, livrés aux recherches qui nous ont été confiées avec le plus grand soin, la plus religieuse attention, la plus grande exactitude.

» Nous nous sommes d'abord occupés de l'examen de l'estomac. Nous avons employé plusieurs procédés. Nous avons d'abord procédé selon la méthode indiquée par les ouvrages en vogue qui sont de M. Orfila. Nous avons charbonné une partie de ces matières, nous les avons ensuite soumises à un lavage, et nous avons mis dans l'appareil de Marsh ce charbon entraîné par ce lavage. Nous n'avons obtenu aucun résultat, quelle qu'ait été notre attention, quelles qu'aient été les minutieuses recherches auxquelles nous nous sommes livrés. (Sensation.)

» Voici notre seconde opération : nous avons traité l'estomac sans aucun réactif chimique; nous l'avons traité par l'eau distillée, bouillante, afin de nous emparer de toutes les matières solubles; c'est là le moyen le plus rationnel, celui qui laisse le moins de vague dans les idées. Nous avons soumis cette eau filtrée à des réactifs, et nous n'avons encore obtenu aucune manifestation d'arsenic. (Nouvelle sensation.)

» Nous avons ensuite analysé les liquides contenus dans l'estomac. Ces liquides contenaient en en suspension une matière brune d'une odeur nauséabonde, et présentant une densité supérieure à celle de l'eau. Je parlerai plus tard de cette matière brune, qui a une grande importance. Nous avons soumis ces liquides à l'appareil de Marsh, et nous l'avons laissé chauffer pendant près d'une heure.

» Cette opération ne nous a pas fourni la moindre tache métallique.

» Nous avons ensuite traité cette substance dans son état d'intégrité, afin qu'on ne pût pas reprocher aux réactifs chimiques qui auraient pu apporter quelque confusion dans l'opération et s'être mêlés aux résultats. Une heure d'exposition au feu de l'appareil de Marsh a été inutile, nous n'avons pas obtenu de tache arsenicale. (Mouvement général.)

» Nous nous sommes occupés de rechercher quelle était cette matière brune suspendue dans le liquide, nous en avons soumis une portion à l'action des réactifs, et nous avons reconnu que ce liquide contenait du sel de fer, en grande quantité, non dissous.

» Nous n'en avons pas trouvé dans l'organe de l'estomac. Nous avons reconnu là la présence des matières ferrugineuses employées comme contre-poison.

» Les liquides, résultats des vomissements, ont été soumis à l'évaporation afin de diminuer le volume du liquide. Ce qui en est resté a été soumis à l'appareil de Marsh. Il n'en est résulté aucun atome de préparation arsenicale. (Mouvement général. »

Ces dernières conclusions produisent dans l'auditoire un mouvement impossible à décrire. Quelques applaudissements se font entendre. Mme Lafarge lève les yeux au ciel en joignant les mains, Me Lachaud lui tend une des siennes et serre avec un mouvement convulsif celle que Mme Lafarge lui abandonne.

M. DUBOIS. Nous désirerions que cet examen fût de nouveau soumis à l'un de ces chimistes de haute renommée, qui, par leurs lumières supérieures et leur réputation bien méritée, pourraient donner plus de poids à nos conclusions. Elles sont : que les matières qui nous ont été soumises ne contiennent aucune parcelle d'arsenic. (Nouveau mouvement.)

M. LE PRÉSIDENT. M. Dupuytren, est-ce là votre opinion ?

M. DUPUYTREN. Oui, Monsieur.

M. DUBOIS fils. C'est aussi la mienne.

M. DUBOIS père. Nous avons été unanimes, et nous sommes prêts à prêter serment.

M. LE PRÉSIDENT. Vous l'avez déjà prêté. Messieurs les experts voudront bien rédiger leur rapport.

M. DUBOIS. Il sera rédigé demain dans les plus grands détails et remis à la cour.

M. L'AVOCAT-GÉNÉRAL. Il y a ici deux opinions en présence; il serait bon maintenant de donner lecture des précédents rapports.

Me PAILLET. Je prie la cour de suspendre l'audience, Mme Lafarge se trouve mal.

M. LE PRÉSIDENT. L'audience est suspendue.

(Mme Lafarge sort en chancelant appuyée sur le bras de son médecin. A peine arrivée à la porte, on la voit porter son mouchoir à ses yeux, des sanglots convulsifs semblent prêts à l'étouffer. Plusieurs membres de sa famille courent sur ses pas et l'entourent. M. Sabatier, gendre de M. Garat, qui est resté à l'audience en sort bientôt soutenu par ses voisins ; on dit qu'il s'est évanoui.)

Une vive agitation se manifeste dans toutes les parties de l'auditoire pendant la suspension. Des conversations vives, animées, bruyantes, s'engagent sur tous les points. Les médecins font groupe dans le centre du prétoire, et une chaleureuse discussion a lieu entre eux. On les voit bientôt sortir ensemble pour discuter sans doute plus à l'aise. On annonce dans la salle que déjà des estafettes ont été expédiées sur diverses routes pour porter cette nouvelle sur plusieurs points.

CHAPITRE VIII.

La cour ordonne l'exhumation du malheureux Lafarge. — Déposition de Denis. — Déposition de Chauvron. — Déposition de Parant. — Rapport des experts-chimistes. — Ils déclarent qu'ils n'ont pas trouvé d'arsenic dans le corps de Lafarge.

Après une vive dissertation scientifique établie entre M. Dubois et M. Lespinas, la cour ordonne l'exhumation du cadavre du malheureux Pouch Lafarge pour faire de nouvelles recherches. Il est question un moment de la remise de cette affaire à une autre session, Me Paillet s'y oppose. M. l'avocat-général prend les conclusions suivantes qui sont adoptées.

M. L'AVOCAT-GÉNÉRAL. Les faits qui s'accomplissent ont nécessité de la part du ministère public des réquisitions conformes aux vives préoccupations auxquelles il avait été en proie. Des méditations nouvelles sont venues cette nuit occuper son esprit ; ses idées se sont modifiées ; j'ai pensé à ce moyen, douloureux même à indiquer, qui consisterait dans un renvoi de l'affaire ; j'ai pensé qu'il ne serait pas humain de l'employer.

Cependant comme il faut arriver à la manifestation de la vérité, voici ce que j'ai l'honneur de proposer à la cour. Elle voudra bien ordonner l'exhumation du cadavre de M. Lafarge. Cette opération sera faite en présence de deux de MM. les chimistes pris dans chaque commission d'expertise ; M. le juge de paix du canton y présidera, et procès-verbal de toutes les opérations sera dressé.

Ultérieurement les deux commissions d'expertise réunies auxquels seront adjoints deux chimistes de la ville de Tulle procéderont à une analyse des viscères recueillis lors de l'exhumation.

Me PAILLET déclare s'en remettre à la sagesse de la cour.

La cour rend un arrêt conforme aux réquisitions du ministère public. Ce sont MM. Fage et Filiol, maîtres en pharmacie de Tulle, qui complètent la commission déjà composée de MM. Lespinas, Bardou, Massénat, Tournadour, médecins de Brives, et MM. Dubois père et Dupuytren, chimistes de Limoges.

L'audition des témoins continue :

M. Chaussailles, et M. Eyssartier, pharmaciens à Uzerches sont entendus ; leur déposition n'apprend aucune révélation nouvelle. Il n'enest pas de même de Denis Barbier ; ex-commis aux forges de M. Lafarge ; nous rapportons ici cette longue déposition.

JEAN-DENIS BARBIER, ex-commis de la forge de M. Lafarge : Le 8 janvier, Mme Marie Lafarge ayant appris que j'allais à Lubersac, me fit appeler dans son appartement. Etant avec elle, elle me fit sortir sur le parterre, et me recommanda de lui apporter de l'arsenic, du boudin et des saucisses. J'achetai les boudins et les saucisses, mais je ne jugeai pas à propos d'acheter de l'arsenic. Le 9, j'en achetai à Brives pour vingt sous, chez M. Lafosse. Le 11, devant aller à Tulle, pour les affaires de M. Lafarge, je reçus un billet de Mme Charles Lafarge, par sa domestique. Elle me disait dans ce billet d'acheter à Tulle du boudin, des saucisses, de l'arsenic et une souricière. Craignant que madame ne se fâchât, je dis à ma femme Il faut que je donne cet arsenic car on me l'a demandé déjà deux fois. Je dis encore à ma femme: J'ai bien peur que cet arsenic ne serve à faire mourir M. Lafarge. Je disais cela parce que Mme Charles avait dit devant M. Magneaux que si elle voulait, dans vingt-quatre heures son mari n'existerait plus. Elle avait dit encore qu'elle ne porterait le deuil qu'un an, comme à Paris, si son mari venait à mourir.

M. LE PRÉSIDENT. Quand vous êtes arrivé au Glandier, avez-vous remis cet arsenic à Mme Lafarge? — R. Non, monsieur.

D Pourquoi cela? — Parce que M. Lafarge était malade, et que je craignais qu'on fît usage sur lui de cet arsenic.

D. Ces craintes sont bien graves; quelles circonstances avaient donc pu vous les donner? — R. C'est parce que Mme Marie Lafarge avait dit, le jour qu'elle avait écrit la lettre, que si elle voulait son mari n'existerait pas vingt-quatre heures, et qu'elle avait toujours de l'arsenic sur elle.

D. Vous avez été chercher M. Lespinas le 12 à Lubersac? — R. Oui, monsieur, M. Magneaux et Mme Buffières vinrent me réveiller à onze heures. Je demandai ce qu'il y avait. « Levez-vous, me dit M. Magneaux, M. Lafarge est empoisonné; il faut aller à Lubersac, amenez M. Lespinas et apportez du contre-poison. En arrivant à Lubersac, j'allai chez un pharmacien chercher du protoxide de fer, et je revins avec M. Lespinas.

UN JURÉ. Comment se fait-il qu'avec tous vos soupçons vous ayez obéi à l'accusée, et que vous lui ayez apporté de l'arsenic? — R. J'avais peur de déplaire à Madame. J'étais sûr en lui déplaisant, que son mari me mettrait à la porte. J'étais bien chez M. Lafarge, et je désirais y rester.

Me PAILLET. Quel est votre véritable nom? — Je m'appelle Denis Barbier.

D. Barbier est-il bien votre nom ? — R. Oui, monsieur.

D. Pourquoi vous appeliez-vous Denis au Glandier ? — R. C'était par complaisance pour M. Lafarge.

D. Mais ce n'était pas votre nom de famille. Pourquoi prenez-vous le nom de Denis ? — R. C'était pour que les banquiers ne sussent pas que c'était moi qui m'appelais Barbier.

D. N'avez-vous pas été marchand de liqueurs à Paris, rue Mouffetard ? — R. Oui, monsieur

N'avez-vous pas été employé à Paris, rue Bertin-Poiré ? — R. Oui, monsieur.

D. N'avez-vous pas négocié un effet de Crillou, cafetier ? — R. Non, monsieur; c'est M. Lafarge qui l'a négocié. Je l'avais chargé de négocier cet effet, et il s'est servi des fonds.

D. N'avez-vous pas un beau-frère nommé Dupré dont le nom figure sur des billets Lafarge. — R. Mon beau-frère s'appelle Desprez; mais ce n'est pas lui qui a signé des billets à M. Lafarge.

D. Où avez-vous connu Lafarge ? —A Paris, au moment où M. Gautier lui négociait un mariage. Je l'ai trouvé chez un agent d'affaires, nous en sortimes ensemble et je lui dis : Ne vous fiez pas aux agents d'affaires, Ils vous perdront. Il s'est fié aux agents d'affaires dans une maison où Marie Capelle était affichée. .. (Mouvement. L'accusée hausse les épaules avec un signe de dédain) et il a été perdu. Vous devez savoir qu'il a été chez M. Defoy, qui ne dit pas... (Le témoin s'arrête.)

Me PAILLET. Qui ne dit pas.... Quoi ? (Le témoin se tait.) Achevez, que ne dit-il pas ? (Le témoin garde le silence.) Soit, n'achevez-pas, cela vaudra encore mieux. Pourquoi M. Lafarge vous a-t-il pris avec lui ?

BARBIER. Parce qu'il était mauvais marcheur. On peut demander cela à tout le monde. Il m'a pris pour faire toutes ses courses. Ce n'est qu'après beaucoup d'instances que je suis entré chez lui.

D. Quand avez-vous fait sa rencontre? — Vers juillet 1839, et d'une façon toute accidentelle.

D. Qu'alliez-vous faire chez cet agent d'affaires? — R. Sa femme est culottière, et j'allais chercher un pantalon. Je causai, comme je vous l'ai dit, avec M. Lafarge, et j'ajoutai : « Je connais, moi, une jeune personne qui a 100,000 fr.; c'est la demoiselle Pâtris, fille du rédacteur du *Journal du Palais*. M. Lafarge, qui était un homme adroit, s'introduisit chez M. Pâtris, et ce fut celui-ci qui lui dit que j'étais un homme exact et laborieux. Je suis peu instruit, mais pour le travail on peut compter sur moi. M. Lafarge me prit avec lui. Quand il avait des commissions à faire, je les lui faisais aussitôt son arrivée. Il me fit demander pour aller chez lui. Je me décidai à y aller.

D. Comment s'appelle cet agent d'affaires? — R. Emile, rue Montmartre, 71.

D. A-t-il cherché à négocier un mariage pour M. Lafarge? — R. Il en était aussi, mais il n'a rien fait pour M. Lafarge.

D. Quelles furent vos conditions? — Huit cents francs par an, un logement et un jardin.

D. Y a-t-il eu des conditions écrites entre vous? — R. Non, j'ai une lettre de lui.

D. C'est au mois de juillet 1839 que commencèrent vos liaisons avec M. Lafarge. A quelle époque lui avez-vous fait des billets de complaisance? — R. Il y en a eu à Paris. Au Glandier, il avait besoin d'argent; je lui ai fait un billet de 4,000 fr. et d'autres, mais il a toujours bien payé ces billets. Jamais il n'a eu un billet protesté pendant sa vie. Demandez plutôt à M. Brossard, de Tulle; à M. Roch, de Brives; à MM. Rigoueaut et Souffrin.

D. Comment signiez-vous? — Je signai Barbier, de mon nom. M. Lafarge me demanda de ne me faire connaître que par mon nom de baptême. Je lui dis : Je ne veux pas vous désobliger, je vais prendre le nom de Denis.

D. Y a-t-il eu plusieurs billets de souscrits ainsi par vous? — R. Oui, monsieur.

D. Quel en a été le nombre? — R. Je ne pourrais vous le dire.

D. Les avez-vous fait toujours à Paris? — R. Il y en a eu quatre à Paris et le reste au Glandier.

D. Reconnaissez-vous cette pièce? (Me Paillet fait passer au témoin un acte sur papier timbré.) — R. Oui, monsieur; ce n'est pas mon écriture, mais c'est bien ma signature.

Me PAILLET. C'est une contre lettre: elle est ainsi conçue :

20 juillet 1840.

Nous soussignés : 1° Jean-Denis Barbier, demeurant à Paris, rue des Canettes, 19; 2° et M. Charles-Dorothée-Pouch Lafarge, maître de forges demeurant au Glandier, commune de Beyssac, canton de Vigeois, arrondissement de Brives (Corrèze).

Déclarons par ces présentes que cinq billets à ordre souscrits par M. Jean-Pierre Dufour, demeurant à Paris, rue Thibautodé, 11, au profit de M. Barbier, le 20 juillet 1839, et passé par ce dernier à l'ordre demoi, Pouch Lafarge, par endos, dont :

Le 1er de mille f. échéant le 15 octobre prochain;
Le 2e de quinze cents fr. au 15 novembre id.;
Le 3e de quinze cents fr, au 15 décembre id.;
Le 4e de deux mille fr. au 15 janvier 1840.
Et le 5e de deux mille fr. au 15 février id.
Total huit mille francs.

Et tous payables à Paris, au domicile de M. Delattre, rue Pavée-Saint-Sauveur, 16.

N'ont eu pour but que de faciliter M. Pouch Lafarge de s'en procurer le montant par voie d'escompte et pour ses affaires personnelles; en conséquence, nous reconnaissons que les fonds en formant l'importance n'ont jamais été remis au sieur Dufour, quoique lesdits billets portent qu'il en ait remis les valeurs.

Au moyen de tout que dessus, moi Pouch Lafarge m'engage personnellement à faire provision à chaque échéance desdits billets, en envoyant les fonds au moins deux jours d'avance audit domicile élu chez M. Delattre, franc de port à Paris, le tout à mes risques et périls.

Et tous deux soussignés déclarons tenir M. Dufour indemne de toute condamnation et frais judiciaires, si le cas voulait qu'il se trouvât inquiété, ainsi que de tous dépens et dommages-intérêts en résultant.

Me PAILLET. Le témoin reconnaît-il maintenant cette lettre? — R. Non, monsieur.

Me PAILLET. Voici ce que c'est : M. Lafarge avait tiré plusieurs billets sur M. Violaine, son beau-frère; il les avait remis à M. Roc, banquier à Brives; l'un de ces billets étant arrivé à échéance, fut protesté, et M. Lafarge remit à M. Roc, pour le tranquilliser, la lettre que je tiens à la main, et dont je vais donner lecture. M. Violaine habite Loris, près d'Orléans. Cette lettre porte sur l'adresse : « A M. Pouch Lafarge, à l'hôtel de l'Univers, rue Sainte-Ane, à Paris. » Elle porte le timbre de la poste d'Orléans, du 1er décembre 1839, et le timbre de Paris du lendemain :

« J'ai reçu votre lettre, mon cher beau-frère, en date d'un dimanche, je ne sais lequel, sans doute le 24, je suis désolé d'apprendre le protêt que vous avez fait faire ; je connais beaucoup la partie intéressée, et je trouve qu'en affaires vous vous pressez beaucoup trop, attendu que l'effet n'était pas échu. Je m'étais chargé avec plaisir de vos affaires; je ne comptais pas éprouver de désagrément. Si, comme vous me le dites, la personne n'en est pas encore instruite, malgré que les frais soient exorbitants, je prends pour mon compte le capital et les frais. J'irai sous quelques jours à Paris, sans vous en préciser juste l'époque, et alors je vous compterai les 4,000 fr.

avec les frais; ensuite à l'échéance, je m'entendrai avec le souscripteur. L'affaire, de cette manière, sera sans obstacle.

Adieu, mon cher beau-frère, recevez mes cordiales amitiés et les compliments d'Antonine.

DE VIOLAINE. »

M. Roc garda la lettre comme portant reconnaissance de la dette de la part de M. de Violaine, et comme une garantie certaine de la délibération du débiteur. Le temps s'écoula, et le 14 janvier 1840, jour de la mort de Lafarge, M. Roc écrivit à M. de Violaine une lettre dans laquelle il lui disait avoir sous les yeux une lettre écrite par lui, en novembre dernier, à M. Pouch Lafarge, son beau-frère, alors à Paris; il lui rappelait les termes de cette lettre. Grande fut la surprise de M. de Violaine! Jamais il n'avait eu de rapport de commerce et de billets avec son beau frère, et jamais de sa vie il ne lui avait écrit.

M. de Violaine s'adressa à Me Laverne, avocat à la cour de cassation, son parent, et lui envoya la lettre de M. Roc avec ce billet;

« Je vous envoie la lettre ci-jointe à laquelle je ne me comprends rien. Jamais je n'ai pris d'engagement verbal avec ce pauvre Lafarge; jamais je ne lui ai écrit: personne ne peut donc avoir de lettre pareille de moi entre les mains. Enfin, mon cher ami, vous qui entendez les affaires, voyez ce qu'il me faut faire. Peut-être serait-il convenable d'en parler à la famille de ma femme. Dans tous les cas, je n'ai nullement l'intention de payer les 4,000 francs que je ne dois pas. »

En résultat, la lettre remise par Lafarge à M. Roc est une lettre fausse. Revenant donc à mon interpellation, je demande au témoin s'il reconnaît cette lettre comme émanée de lui? — R. Non, monsieur.

M. LE PRÉSIDENT. Où étiez-vous le 28 novembre 1839? — R. J'étais au Glandier.

D. Et aux premiers jours de décembre? — R. J'étais à Paris avec M. Lafarge; mais ce n'est pas moi qui ai écrit la lettre; on peut confronter cette lettre à mon écriture.

Me PAILLET. C'est bien aussi ce que nous voulons faire. Reconnaissez-vous ce manuscrit d'une annonce pour la vente de votre fonds de liqueurs? —Oui, monsieur, elle est en entier de mon écriture. Il n'y a pas de ressemb'ance; vous pouvez confronter les écritures.

Me Paillet fait passer la lettre et le manuscrit de l'annonce à messieurs les jurés.

LE TÉMOIN. On peut bien voir.

Me PAILLET. Aussi il est bien établi que vous étiez Barbier à Paris, Denis au Glandier. Combien, sous le nom de Barbier, avez-vous souscrit de billets à Lafarge? — R. Je n'en sais pas le nombre.

D. Y avait-il pour ces billets un carnet d'échéance? — R. M. Lafarge en avait un écrit de sa main; on portait ces effets sur le carnet comme bons et valables, et ils l'étaient.

M. L'AVOCAT-GÉNÉRAL. Ils étaient sérieux pour Lafarge, qui y apposait sa signature et en devenait responsable.

Me PAILLET. M. Lafarge à mis sa signature sur ces billets purement imaginaires.

LE TÉMOIN. il n'était pas homme à faire des faux. Il aurait plutôt fait signer ces billets par des écrivains publics. Il en a fait comme cela beaucoup quand il a pris son brevet.

Me PAILLET. Je désire que MM. les jurés retiennent bien cette jurisprudence en matière de billets de commerce; c'est, à ce qu'il paraît, une pratique fort bien connue du témoin en matière de billets. — R. Lafarge m'en a envoyé faire faire plus d'une fois par des écrivains publics, qui m'en ont souscrit pour cinq sous.

LE TÉMOIN. Mais, monsieur, les banquiers ne

prenaient ces billets que pour le nom de M. Lafarge, et non pas du tout pour le nom des autres. Lafarge, étant à Paris, m'écrivit au Glandier : J'ai besoin de vos jambes pour courir : j'aime mieux dépenser 400 francs de voyage que de m'exposer à perdre 20,000 francs. » Je partis donc, en secret, d'après ses ordres, et je dis au Glandier que j'allais à Guéret pour des fers.

M PAILLET. Quel jour le témoin est-il arrivé à Paris? — Je ne le sais pas; ce que je sais, c'est que je partis pour le Glandier le 14. Je laissai M. Lafarge à Paris, d'où il n'est parti que le 1er janvier. Je suis revenu au Glandier parce qu'il n'y avait plus de charbon

M. L'AVOCAT-GÉNÉRAL. Nous remarquons en passant que tout cela est imputable au malheureux Lafarge et non à ce pauvre serviteur à 800 fr. qui exécutait fidèlement les ordres qu'on lui donnait. Je ne vois pas quel parti on veut en tirer.

Me PAILLET. La sagacité habituelle de M. l'avocat-général le sert mal en ce moment, je m'efforcerai de lui démontrer, ainsi qu'à MM les jurés, tout ce qu'il y a d'important pour la défense dans cette déposition.

M. LE PRESIDENT. Quand avez-vous eu sur Mme Lafarge des soupçons d'empoisonnement?-R Quand elle m'a demandé de l'arsenic avec tant d'insistance et surtout quand j'ai vu qu'elle me recommandait le secret.

M. LE PRÉSIDENT. Quel jour en avez-vous parlé à Mme Lafarge mère? — R C'est le 11 janvier, le jour où je lui ai rapporté un soufflet. J'étais fort inquiet; j'avais remis le paquet à Clémentine et je la vis, le 11, qui tripotait cela. J'ai fait semblant de rien, je suis sorti; je suis rentré de suite, comme si j'avais oublié quelque chose, et je n'ai plus rien vu. M. Magneaux avait dit la chose à Mme Lafarge mère, car il l'avait apprise à Brives. Il lui dit : Faites venir Denis, il vous dira qu'il a acheté vingt sous d'arsenic. Mme Lafarge mère me dit : Qu'avez-vous apporté hier. — Des boudins et des saucisses. — Et encore? — Un soufflet. — Et encore? — De l'arsenic. Je ne voulais pas le dire, mais je ne sais pas mentir.

M. L'AVOCAT-GÉNÉRAL. Avez-vous confié cela à votre femme? — R. Oui, monsieur.

D. Où est-elle? — R. A Paris.

Me PAILLET. Le témoin a déclaré que l'accusée lui avait dit : « Nous préparerons cela ensemble. » Cela paraît peu conciliable avec les habitudes de Mme Lafarge.

LE TÉMOIN. Avec ses habitudes! Elle parlait bien aux ouvriers forgerons, elle pouvait bien parler au commis de la forge.

Me PAILLET. C'est toujours là, en passant, une réponse au reproche qu'on a fait à Mme Lafarge d'être fière avec tout le monde. (Mme Lafarge rit beaucoup.) Est-ce que c'était son habitude de se livrer à de telles opérations?

LE TÉMOIN. Puisquelle montait à cheval avec moi pour aller voir les charbonniers, je pouvais bien être capable de faire de la mort aux rats avec elle.

Me PAILLET. Cela était fort inconciliable avec les habitudes de Mme Lafarge, qui ne quittait jamais ses gants. (Mme Lafarge rit encore.) Ces paroles d'ailleurs, si elles sont vraies, devaient exclure de l'esprit du témoin toute inquiétude : on ne voulait sans doute pas l'associer à un acte criminel.

LE TÉMOIN. Sans doute, elle m'avait dit que nous ferions ensemble de la mort-aux-rats; mais on peut promettre et ne pas tenir.

M. L'AVOCAT-GÉNÉRAL. Cela me paraît fort logique.

Me PAILLET. Certainement c'est fort logique avec les habitudes de ce témoin, qui signait des billets qui ne sont autre chose que des promesses qu'on fait et qu'on ne veut pas tenir.

D. Pour combien avez-vous acheté d'arsenic? — R. Pour 20 sous.

Me PAILLET. Il en achetait donc dans sa pensée une quantité considérable, puisqu'il la proportionnait à l'immense quantité de rats qu'il s'agissait d'exterminer. Or, il faut que MM. les jurés sachent que cette quantité d'arsenic pouvait suffire, non seulement à empoisonner tous les rats du Glandier, mais encore dix fois plus de monde qu'il y en a dans cette salle.

LE TÉMOIN. Est-ce que je savais cela, moi! J'en avais demandé pour vingt sous. Je ne savais pas si on en donnait beaucoup pour vingt sous.

M. L'AVOCAT-GÉNÉRAL. Il faut partir de ce point qu'il ne connaissait pas la valeur de l'arsenic.

Me PAILLET. Mais ce qu'il savait très bien, c'était le nombre de rats à exterminer.

M. LE PRÉSIDENT. Aviez-vous déjà acheté de l'arsenic. — R. Jamais. Je croyais, moi, que c'était très cher.

Me PAILLET. Voici une nouvelle édition de la déposition qui dément la première. Il dit qu'il a cru que c'était bien cher, et il en achète pour vingt sous. Voilà ce qui arrive quand un témoin ne dit pas la vérité, il se recueille, réfléchit et modifie.

M. L'AVOCAT-GÉNÉRAL. Le témoin nous paraît, à nous, avoir parfaitement compris la portée de ses paroles. il a de l'intelligence et surtout une grande franchise; il en a donné la preuve en avouant des choses que bien d'autres auraient niées à sa place.

Me PAILLET. Ne serait-ce pas le témoin qui le premier aurait dit à M. Lafarge que c'était sa femme qui l'empoisonnait? — R. Non, monsieur.

D. N'avait-il pas dit à des témoins qu'il poursuivrait Mme Lafarge jusqu'au pied de l'échafaud? — R. Je n'ai pas dit une pareille chose.

M. L'AVOCAT-GÉNÉRAL. Etes-vous sûr de n'avoir

jamais tenu un propos semblable? — R. Non, monsieur. Quel intérêt aurais-je pour cela? Je n'en veux pas à Mme Lafarge plus qu'à une autre.

D. Aviez-vous à vous en plaindre? — R. Non, monsieur. Elle ne m'a jamais fait que des honnêtetés.

M. L'AVOCAT-GÉNÉRAL à Mme Lafarge. Comment expliquez-vous, madame, cette prétention de faux témoignage? Mme votre belle-mère a déposé comme ce témoin sur le fait du secret à garder envers elle sur l'achat de l'arsenic. Or, vous n'accusez pas le témoignage de votre belle-mère. Je pense que vous le respectez.

L'ACCUSÉE. Soit; je ne vois qu'une chose, c'est que ma belle-mère a répété les mensonges de monsieur.

D. Dans quel intérêt? — R. Je ne puis vous expliquer les intérêts de M. Denis.

Ce témoin fait preuve d'intelligence et de sincérité. Il dépose des faits qu'il aurait pu cacher et à l'aide desquels on ne manquera pas d'attaquer sa moralité. — R. C'est que ces faits, que personne autre que lui n'avourait, lui paraissent tout naturels.

M. L'AVOCAT-GÉNÉRAL. Nous y voyons une preuve de sa sincérité. (Mme Lafarge ne répond que par un dédaigneux sourire.)

Me PAILLET. Je rappellerai cependant une circonstance qui, selon moi, compromet un peu cette sincérité : c'est qu'il a dit d'abord que c'était de lui-même qu'il avait averti Mme Lafarge mère, et qu'il a dit ensuite que c'est sur ses interpellations qu'il avait déclaré l'achat de l'arsenic Je reviens au propos que j'ai déjà signalé. Le témoin a-t-il dit qu'il poursuivrait Mme Lafarge jusqu'au pied de l'échafaud?

LE TÉMOIN. Je jure que non, sur l'honneur!

M. LE PRÉSIDENT. L'accusée croit-elle que, dans sa déposition, le témoin a obéi à des suggestions étrangères?

L'ACCUSÉE. Je crois, moi, qu'il obéit tout simplement à d'anciennes habitudes peu honorables.

M. LE PRÉSIDENT, Voulez-vous parler d'habitudes de faux témoignage.

LE TÉMOIN. C'est la première fois de ma vie que je parais devant la justice.

Le témoin, confronté à Mme veuve Lafarge, reconnaît, après un long débat sans importance, que ce n'est pas de lui-même, mais sur les questions de cette dame qu'il lui déclara qu'il avait acheté de l'arsenic.

La déposition de M. Chauvron mêlée de bonhomie et de trivialité occupe encore long-temps l'auditoire sans apporter aucune nouvelle lumière au procès. Ce témoin raconte qu'il donna à M. Lafarge des conseils et des consolations, et qu'il chercha à rapprocher les deux époux. Sa déposition n'est que la répétition de ce que nous avons dit précédemment. Cependant il rend compte d'une confidence de M. Lafarge, lequel lui dit qu'il n'avait pas insisté à entrer dans l'appartement de sa femme, dans la crainte qu'elle ne se jetât par la croisée. Le témoin ajoute : en me promenant avec elle sur le bord du canal, je la vis si triste que je craignais qu'elle ne se jetât à l'eau. Alors je lui fis prendre une autre route.

Un débat s'engage entre M. l'avocat-général et Me Paillet sur le testament de M. Lafarge à Marie Capelle.

Voici la teneur de ce testament.

« Aujourd'hui, 28 octobre 1839, je soussigné, Charles-Joseph-Dorothée-Pouch Lafarge, ai fait mon testament olographe, comme il suit :

» Je donne et lègue à Marie-Fortunée-Capelle, ma chère épouse, tout ce dont la loi me permet de disposer, c'est-à-dire la totalité des biens que je possède en propriétés, créances, successions échues ou à venir. Je ne fais ici aucun legs pour ma mère ni pour ma sœur, mais si cependant les affaires de mon épouse lui laissaient la facilité de pouvoir en disposer après sa mort, sans trop nuire à ceux à qui elle désire faire du bien, cela rentrerait au nombre de mes bonnes pensées pour ma mère ou ma sœur, à qui je désirerais que çà revînt, sans que cependant on puisse voir dans cette dernière clause rien d'obligatoire pour mon héritière, m'en rapportant en tout aux bons sentiments que je lui connais.

« Je prie en outre ma bonne Marie de ne jamais oublier ma mère que j'aime tant, surtout de ne point la quitter; la consoler de tous ses chagrins, la distraire et ne lui laisser manquer de rien; aider ma sœur de ses bons conseils et de ses moyens pécuniaires, si l'aisance et la fortune de ma chère Marie le permettent. Faire les aumônes aux pauvres qu'elle jugera convenables; enfin de se faire enterrer près de moi lorsqu'elle mourra, ou faire transporter mes restes partout où elle devra être, afin de les déposer dans le même tombeau, promesse nous étant faite de ne jamais nous quitter ici-bas pour nous retrouver un jour ensemble tous les deux dans le ciel.

» Mon testament ainsi fait, qui contient en tout ma volonté expresse, a été signé, daté et écrit en entier de ma main.

» Aujourd'hui, au Glandier, le 28 octobre 1839.

» Ch. POUCH-LAFARGE. »

M. L'AVOCAT-GÉNÉRAL. Je n'ajouterai rien à la lecture du testament, je craindrais d'affaiblir l'émotion profonde que, j'en suis sûr, sa lecture a dû faire sur tous les esprits.

Me PAILLET. Je l'aurais lu moi-même en faisant ressortir les sentiments de piété filiale qui, plus tard, ont dominé tous les autres.

M. L'AVOCAT-GÉNÉRAL. Je crois qu'après un tel testament connu, on ferait d'inutiles efforts pour détruire par des témoignages l'opinion que tout homme de bonne foi peut puiser sur Lafarge dans une aussi respectable manifestation de la vérité.

Me PAILLET, Je ne veux pas détruire l'impression que peut avoir produite la lecture du testament; mais je dirai, en fait, que ce testament, écrit sous l'impression, dit on, d'une piété filiale si respectable, fut annulé par deux autres testaments faits l'un à la mère, l'autre, et subsidiairement, à la sœur. L'accusation présente le testament de Marie Capelle comme un leurre, comme un appât à l'aide duquel elle voulait se faire donner un testament par son mari. Et voilà que son mari défait son œuvre et change ses dispositions; elle n'a pas changé les siennes. On dit que le testament n'est pas bon : qu'on le montre. Madame Lafarge mère l'a entre les mains; qu'elle le montre.

Ici une plaidoierie contradictoire s'engage pendant une heure entre le ministère public et la défense sur les testaments.

M. Coinchon de Beaufort, père de la première épouse de Lafarge, est appelé en témoignage.

M. COINCHON. — Je dois prévenir la cour et MM. les jurés que je suis en procès avec la famille Lafarge.

M. LE PRÉSIDENT. — Voulez-vous dire que vous n'êtes pas suffisamment libre pour déposer?

M. COINCHON. — Je dis cela pour qu'on n'accuse pas mon impartialité. Il résulte de la déposition de ce témoin, que Lafarge l'avait trompé sur sa fortune; qu'il était criblé de dettes et que sa fille était malheureuse parce que Lafarge tombait du haut mal.

Marie Mathieu, cuisinière au Glandier, dépose qu'elle a aidé Mme Lafarge mère à préparer des petits gateaux devant être envoyés à Lafarge.

Jean Bardon, domestique au Glandier, dépose que le valet de chambre ayant trouvé un paquet d'arsenic dans un vieux chapeau, se chargea de l'enterrer. Je voulais le mettre dans l'eau, dit le témoin, le valet de chambre voulut qu'on le mît dans la terre.

M. LE PRÉSIDENT. — Savez-vous autre chose? — R. Le commis M. Denis, m'a dit qu'il voulait poursuivre madame et la faire tirer en quatre morceaux avec une scie.

D. Est-ce qu'il vous a dit cela de suite de but en blanc? — R. Non pas, c'était dans l'écurie; je disais que c'était tout de même bien malheureux que madame fût dans un pareil embarras. « Oh! la coquine, dit-il, je voudrais la voir tirer en quatre morceaux avec une scie. »

D. Est-ce par méchanceté qu'il a dit cela, ou parce qu'il croyait que l'accusée avait empoisonné son mari? — R. Oh! oui, il le croyait, il le disait; et moi je disais : « Non, non, ce n'est pas possible, elle était trop bonne. »

D. Elle était donc bonne avec les domestiques? — R. Oh! oui, monsieur; j'ai servi bien du monde, mais jamais je n'ai vu une dame qui fût meilleure avec les domestiques.

D. Et Denis? — R. Denis ne m'a rien fait.

D. Était-il attaché à son maître? — R. Il l'aimait beaucoup.

M. L'AVOCAT-GÉNÉRAL. C'est sans doute l'exaltation de la douleur qui le faisait parler.

D. Est-ce que Denis disait que M. Lafarge était mort empoisonné? — R. Il a dit que sa femme l'avait nourri quinze jours de poison. Je lui dis que c'était difficile puisqu'il n'était de retour que depuis treize jours. « Ah bah! répondit-il, elle lui avait envoyé un gâteau empoisonné deux jours avant. Cela faisait bien les quinze jours.

D. Avez-vous eu des disputes avec Denis? — R. Il est revenu avant M. Lafarge faire le maître, et il m'a dit que si je ne marchais pas bien, il me f....... à la porte. Là-dessus je lui dis : « Donnez-moi mon compte et je m'en irai tout de suite. » J'aurais bien voulu qu'il m'eût pris au mot, je n'aurais pas été fourré dans tout cela.

Parant, garçon d'hôtel, à l'hôtel de l'Univers, rue Ste-Anne, dépose que M. Lafarge reçut une boîte le 18 décembre et qu'il fut lui-même chargé de l'ouvrir. Il y avait dans cette boîte, dit-il, une paire de socles, un modèle de souliers, des lettres dont une contenait un portrait en miniature. Il y avait encore un gâteau enveloppé dans du papier. Lafarge mit lui-même le gâteau sur la cheminée, et, tout en parlant, il cassa un morceau du gâteau comme le pouce et le mangea. M. Lafarge sortit ensuite et rentra fort tard contre son habitude. Il était 1 heure moins 1/4.

M. LE PRÉSIDENT. Était-il malade en ce moment?

R. Pas du tout. Le lendemain, ajoute le témoin, M. Lafarge avait vomi partout devant la cheminée, sur les tapis, dans son vase de nuit. Je dis à M. Lafarge : « Vous vous serez donné une indigestion. » Il ne m'a pas répondu. Je lui ai fait monter du thé par la fille, et je lui ai demandé s'il voulait qu'on allât chercher un médecin. Il me dit que s'il en prenait un, ce serait M. Marjolin, que c'était le médecin de Mme Lafarge. Je lui montai une carafe de limonade cuite, il me dit que cela ne le rafraîchissait pas assez, et j'allai lui acheter une demi-bouteille d'orgeat chez Taurade, rue de Choiseul.

» Dans l'après-midi, je montai pour arranger son feu. Alors M. Lafarge se lève et veut se mettre à écrire. En ce moment, il lui prit un nouveau vomissement assez fort, et comme il rejetait sur le tapis, je lui dis de prendre garde. Il me dit que c'était égal, et qu'il se sentait si malade qu'il n'y faisait pas attention. A quatre heures et demie, il me remit plusieurs lettres écrites, et j'allai les mettre à la poste à la Bourse.

D. Était-il malade en ce moment?

R. Oui monsieur; il m'envoya chez un de ses

amis, employé, rue Montmartre, 110, et M. Sabatier, rue Saint-Georges. Je fis les commissions, et au moment où je rentrai et où j'étais occupé à préparer son feu, M. Sabatier entra et je me retirai aussitôt. Je n'en sais pas davantage.

Le témoin dit que les restes du gâteau de Lafarge restèrent sur la cheminée pendant plusieurs jours et qu'ils furent jetés aux ordures quelques jours après le départ de M. Lafarge de Paris.

M. Sabatier déclare qu'il vint voir M. Lafarge à 5 heures et que celui-ci l'ayant engagé à manger d'un gâteau que sa femme lui avait envoyé, il s'y refusa en se disant indisposé. Heureusement pour lui!

D. Quelle était la largeur de la boite? — R. Il y avait dans la boîte de la musique mise à plat. Je n'ai été dans l'action de vider la boîte, que jusque là. La boîte était de la largeur de la musique, mais un peu plus longue; et dans l'espace laissé libre je vis des marrons, si je ne me trompe, mais je ne saurais l'affirmer.

D. Quelle était la forme du gâteau, sa largeur, celle de la boîte? Rappelez mieux vos souvenirs.

R. C'est aussi ce que j'ai fait.

(Ici le témoin se baisse et prend dans son chapeau quelque chose enveloppé d'un large papier.) « Voici, dit-il, comme était le gâteau que je me suis permis de déployer. » (Le témoin déploie son paquet et en tire un gâteau de sept pouces de circonférence, bombé, doré et faisant plaisir à voir. Le gâteau est renfermé dans une boîte à peu près semblable au couvercle d'une boîte de bonbons de baptême) Voici, dit le témoin, ce qu'était le gâteau, peut-être un peu plus grand, ainsi que la boîte, mais sa forme était la même.

D. Est-ce que vous avez apporté ce *fac simile* de gâteau de Paris?

R. Non, monsieur; j'ai eu le temps de méditer

sur mes souvenirs, et je l'ai fait faire pour rendre sensible mon explication.

D. Avez-vous vu plusieurs gâteaux dans la boîte? — R. Non, monsieur; je n'en ai vu qu'un seul.

D. Avez-vous été jusqu'au fond de la boîte? — R. Non, monsieur; j'étais arrivé à la musique lorsqu'on est venu m'appeler, et je n'ai pas été plus loin. Tout ce que puis dire, c'est que j'ai cru voir que la boîte contenait des marrons.

D. Y avait-il quelque chose sous la musique? — R. Je pense que oui, mais je ne l'ai pas vu.

M. L'AVOCAT-GÉNÉRAL. — Il est important de vous bien fixer ici, messieurs les jurés, sur les faits. Il ne faut pas perdre de vue tous les précédents de l'affaire. Mme Lafarge a eu le soin de faire disparaître la lettre dans laquelle elle annonçait à son mari l'arrivée du gâteau. Nous y aurions infailliblement trouvé écrite de sa main la preuve qu'elle ne lui avait envoyé qu'un seul gâteau, gâteau tout différent des gâteaux plus petits qu'elle avait, en présence de témoins, renfermés dans la caisse après les avoir enveloppés, a-t-elle dit, comme des oranges; mais, à défaut de sa lettre, nous avons la réponse de Lafarge et le doute désormais n'est plus possible.

Mais avant tout c'est ici le moment de vous faire connaître cette femme tout entière, de vous montrer ce qu'elle était, de vous faire apprécier si elle a dit vrai quand elle a prétendu que ses lettres n'entretenaient son mari de paroles de tendresse et d'amour que pour lui faire plaisir et pour répondre à ses lettres sur le ton de ces lettres elles-mêmes. Voici ces lettres :

« Ce jeudi...

» Oh! la vilaine procuration qui m'arrive sans un baiser de mon ami? Je déteste les affaires qui nous séparent; le temps me semble un siècle loin de toi. Je t'aime, mon Charles, je te le dis, parce que je le sens de tout mon cœur, parce que le dépit, en recevant cette grosse lettre vide de toi et d'amour, me l'a prouvé à moi-même. Pour t'écrire ce soir j'ai fait *ta toilette*, mes cheveux flottent, mes yeux brillent de souvenirs qui se rapportent tous à toi. Tu m'aimerais! mon miroir me le dit, et je l'en remercie, car il est doux d'espérer plaire à ce qu'on aime. J'ai lu ta lettre d'hier à notre mère; elle t'embrasse, et nous nous sommes un peu encouragées.

J'ai eu ce matin la visite de M. D..... Il passa deux heures à causer assez lourdement. Je lui ai trouvé un *rhume de cerveau dans l'esprit*, et il m'a *éternué* quelques grosses naïvetés. (S'il n'avait fait trois ou quatre lieues pour me voir, je dirais bêtises.)

» M. Denis n'est pas encorre de retour. La forge va bien, mais on craint une pénurie prochaine de charbon. MM. Maniot et Léon nous tiennent rigueur. Je crois plus en la persuasion truffée qu'en celle épistolaire, et j'espère dans les estomacs bourrés par tes soins. Je t'en prie, ne reviens pas sans avoir tranché d'une manière ou d'une autre la difficulté d'argent.

» Quoique je ne sois pas malade, j'ai ce soir une petite migraine qui me fait fermer les yeux et qui m'empêche de t'écrire plus longuement, sans faire cependant que je t'aime moins. Je vais me coucher et me soigner pour toi. Il faut que j'aie cette raison pour que je te quitte si vite, quand je t'aime si bien. Adieu trois fois du fond de l'ame.

MARIE. »

Me Paillet fait remarquer que la lettre elle-même donne un démenti au système de l'accusation. On s'est, dit-il, appuyé de considérations tirées de la correspondance de l'accusée; on l'a taxée de mensonge, de fourberie. Sur quoi donc vous appuyez-vous, monsieur l'avocat-général, pour accuser ainsi

Marie Capelle d'une odieuse dissimulation? Sur le style tant soit peu romanesque de ces lettres? Mais pensez-vous donc que cette exagération, que les élans expressifs d'une même affection ne se retrouvent pas avec les mêmes caractères dans la correspondance de Lafarge! je ne veux, pour la faire à mon tour apprécier, que vous faire connaître le style de M. Lafarge.

Voici une lettre du samedi soir, 14 décembre 1839, la date est précise.

« Je te dirai, bonne et chère petite femme, que les affaire du brevet vont grand train. Il en est encore une, l'ouverture d'un crédit qui fait l'objet de ma sollicitude...

N'oubliez pas qu'en ce moment c'est à sa légataire universelle qu'il s'adresse. Ce brevet, cet espoir que sa coopération seule peut faire réussir et fructifier, c'est la fortune de cette légataire, et déjà elle songe à empoisonner son mari, à détruire par un crime cet espoir, à se priver par un crime des espérances qu'elle peut en concevoir. Et puis il lui faut un complice, et jusqu'ici l'accusation, dans ses efforts, n'a pas songé à lui en donner un. Qui lui fournira le gâteau fatal? Est-ce elle-même qui l'aura manipulé, qui y aura mêlé de l'arsenic?.. Il n'aura pas suffi en effet de le saupoudrer : le mouvement de la voiture aurait pu le faire tomber et rendre le crime inutile et sans effet. Tissu d'invraisemblance et d'absurdité!

M. le président annonce le retour des experts chargés de l'exhumation. A la sourde agitation qui s'élève en ce moment de tous les points de la salle, il est aisé de voir l'intérêt qu'inspire le rap port des chimistes.

Les experts sont introduits. (Mouvement.)

M. Dubois prend la parole :

Conformément aux ordres de la cour, les experts désignés par elles se sont rendus au Glandier et ont procédé à l'exhumation du corps de Lafarge.

J'ai entre les mains un procès-verbal détaillé, fait avec le plus grand soin, et que je dépose sur le bureau de la cour.

Compte rendu de l'exhumation du corps de Lafarge, le 7 septembre 1840, par M. le juge-de-paix du canton de Lubersac.

«... M. le maire de la commune et les quatre porteurs sus-désignés, ainsi que le marguillier; fossoyeur, serment préalablement prêté entre nos mains, conformément à la loi, de dire la vérité, interpellés par nous d'une manière précise sur la place où fut inhumé, le 16 janvier 1840, le sieur Pouch Lafarge, nous ont conduits dans la partie haute du cimetière, à cinq mètres environ du mur qui confronte au chemin de Beysac à Pompadour, et à un mètre environ d'une croix de bois peinte en noir, sur laquelle sont écrits ces mots : « Ici repose madame Pouch Lafarge, née Chignac, âgée de 80 ans, décédée au Glandier le 26 octobre 1832. »

» Là, ils nous ont montré un petit emplacement de deux mètres de long sur quarante centimètres de large, d'une place concave surtout à ses deux extrémités. En cet endroit le terrain est affaissé à une profondeur d'environ dix centimètres. Il est couvert, sur sa surface, de gazon et de plantes mille feuilles adhérentes, sauf à l'extrémité supérieure, où se trouve une surface dénuée d'herbe, à environ cent-vingt centimètres carrés; et, vers l'extrémité une autre place sur laquelle l'herbe est très rare. Ils nous ont attesté unanimement que c'était en cet endroit que furent déposés, à la date précitée, les dépouilles mortelles de Charles Pouch Lafarge.

» Le cercueil a été déclaré par Antoine Bonnel, comme fait de bois de châtaignier, sauf la planche de dessous, qu'il nous a dit être de bois de peuplier.

» Il a également indiqué que le cercueil fait par

lui présentait la forme d'un hexagone irrégulier dont le couvercle en dos d'âne formait les trois huitièmes; de plus, il nous a dit avoir garni le cercueil de six crochets de fer, qui servent à fixer le couvercle intact dans toutes les parties, sauf à la partie inférieure, à la hauteur des épaules du cadavre où la planche de peuplier présentait une saillie, et une fente d'environ un centimètre et demi de largeur sur dix centimètres environ de longueur.

» Les interstices existant entre le couvercle et le cercueil sont garnis, presque partout, de plantes sèches et adhérentes; le cercueil est garni de cinq crochets de fer dont quatre sont exactement clos et couverts d'oxide, un cinquième, aussi oxidé, a été dérangé tout à l'heure pendant l'opération. Nous avons interpellé les quatre porteurs, le fossoyeur et le charpentier prénommés de nous déclarer si le cercueil que nous leur présentions était celui de Charles Pouch Lafarge. Ils ont déclaré le reconnaître parfaitement, et ils ont ajouté qu'il était le même qu'ils avaient descendu dans la fosse. Ils nous ont fait observer également que le sixième crochet qui manquait avait été arraché au moment même de l'inhumation.

» Nous ajoutons à ce qui précède qu'avant que le cercueil eût été sorti de la fosse, les experts ont recueilli, dans toute sa longueur, de la terre immédiatement superposée au couvercle. Après l'extraction du cercueil, ils en ont pris aussi dans le fond de la fosse. Le tout a été mis dans deux pots différens, clos et scelés par nous, ainsi qu'il va être dit. Enfin, nous avons mesuré la profondeur totale de la fosse; nous avons trouvé un mètre six centimètres.

» Le cercueil ayant été ouvert, nous avons appelé Antoine Bonnel, charpentier, et Léonard Bardon, prénommés, qui nous avaient été désignés comme ayant enseveli le corps de Charles Pouch Lafarge dans la bière.

» Interpellés par nous, ils ont déclaré reconnaître parfaitement le suaire ensanglanté dans lequel ils l'avaient enveloppé, ils ont reconnu aussi le cadavre qui était absolument dans la même position qu'ils l'avaient placé. Le suaire ayant été ensuite coupé et déployé de manière à découvrir le cadavre, nous leur avons demandé s'ils le reconnaissaient pour celui dudit feu Lafarge. Ils nous ont répondu qu'il n'était pas possible de le faire parce que le visage était entièrement défiguré par la décomposition; mais ils ont dû déclarer en même temps que le corps enseveli par eux, était comme celui-là, ouvert à la poitrine et au crâne. MM. Lespinas et Massénat, experts, qui ont, au mois de janvier mil huit cent quarante, procédé à l'autopsie du cadavre du sieur Lafarge, et M. Laborderie, médecin prénommé, qui les aida dans leur opération, nous ont attesté de la manière la plus formelle qu'ils reconnaissaient parfaitement le corps de Charles Pouch Lafarge, sur lequel ils ont expérimenté à l'époque susnommée. L'identité de la tombe et du cadavre étant ainsi parfaitement constatée, nous avons livré le corps de Lafarge au scalpel des experts, et nous les avons invités à commencer leur opération, à laquelle nous avons assisté avec le mandataire de Marie Capelle.

» Voici l'état des matières recueillies par MM. les experts, et qu'ils nous ont livrées : 1 le foie et le cœur en totalité; nous les avons déposés dans un pot de faïence blanche entièrement neuf et d'une netteté parfaite. Nous avons couvert l'orifice du bord d'un papier blanc, puis d'un parchemin, et par dessus nous avons placé une bande sur laquelle sont écrits ces mots : *Detritus* du cœur, du foie et de quelques parties environnantes, nº 1. Sur cette bande nous avons apposé, ainsi que le greffier, nos signatures, et cacheté de cire rouge avec notre sceau l'extrémité de la ficelle.

» Des *detritus* pris dans l'intérieur du thorax et de l'abdomen mélangé, ont été déposés dans un pot semblable au premier avec les mêmes formalités, sous le no 2.

« 3o Des chaires musculaires prises dans la cuisse gauche ont été déposées dans un pot de même nature, avec les mêmes formalités que dessus, no 3.

» 4o Un morceau de suaire enveloppant le cadavre a été placé dans un verre à bière clos et scellé avec les mêmes formalités.

» 5o De la terre prise sous le cercueil et dans toute la longueur de la fosse a été placée dans un pot de terre clos et scellé comme dessus, no 5.

» 6o De la terre recueillie sur les trois planches qui couvraient le cercueil, dans toute la longueur, a été placée dans un pot semblable au précédent, clos et scellé comme dessus, sous bande, no 5 bis.

» 7o La terre recueillie à la surface de la tombe sous le gazon, et prise sur toute la longueur, a été déposée dans un vase pareil au précédent, clos et scellé comme dessus, no 5 ter.

« Suivent les signatures. »

La cour ordonne que les pièces à conviction qui ont été rapportées par MM. les experts seront apportées à l'audience, et que MM. les experts nommés par précédent arrêt vaqueront aux opérations qui leur ont été confiées.

M. LE PRÉSIDENT. Il faut que le greffier du juge de paix de Lubsersac soit présent.

M. L'AVOCAT-GÉNÉRAL. M. le président peut toujours recevoir le serment des experts. Les experts prêtent serment successivement. La cour en donne acte.

Deux commissionnaires apportent deux larges caisses ficelées et scellées et les déposent sur le bureeu des pièces à conviction. Ce bureau est en ce moment environné de dames dont les plus courageuses dissimulent mal un sentiment d'horreur et de dégoût victorieusement dominé d'ailleurs par l'impérieux et irrésistible sentiment de la curiosité. Quoique bouchés soigneusement, les vases que contiennent les caisses laissent exhaler dans la salle des miasmes putrides et des exhalaisons nauséabondes.

M. DUBOIS. Nous prions la cour de nous autoriser à faire notre expertise *extrà muros* dans le chemin de ronde qui règne autour du palais de justice.

M. LE PRÉSIDENT. L'action de l'air n'y fera rien?

M. DUBOIS. Non, monsieur, les exhalaisons qui rempliraient le Palais rendraient ici tout séjour impossible pour le public.

M. L'AVOCAT-GÉNÉRAL. Il est impossible que l'expertise ait lieu à l'endroit indiqué; MM. les experts n'y seraient pas placés hors d'atteinte des yeux des curieux.

M. DUBOIS. Il suffirait de fermer par des planches l'une et l'autre issue de la partie la plus reculée du chemin de ronde.

Après un court débat, il est décidé que l'opération sera faite dans le local déjà affecté à MM. les experts, qui pourront toutefois préparer leurs travaux dans le chemin de ronde.

M. le greffier du juge de paix de Lubersac est appelé et déclare qu'il reconnaît les caisses pour celles qui renferment partie des débris mortels de Lafarge, qui y a été mise en sa présence dans dix vases scellés, étiquetés et paraphés par tous les assistants.

Le gendarme qui a accompagné le greffier et qui a été commis par M. le maire à la garde des caisses, les reconnaît également et déclare ne pas les avoir quittées une minute, même pendant la nuit.

M. LE PRÉSIDENT. Il est indispensable que l'accusée connaisse aussi l'intégrité des scellés. (Mouvement d'horreur. Mme Lafarge détourne les yeux et ne répond pas.)

M. LE PRÉSIDENT. Me Peyredieu, avoué à Brives, qui a été sur les lieux, devra au moins les reconnaître pour elle.

M. Peyredieu, après avoir examiné les deux caisses. Je reconnais l'intégrité des scellés.

Les caisses sont emportées au laboratoire de MM. les experts.

A la reprise de l'audience, la vaste enceinte de la cour d'assise est remplie d'une odeur infecte et pénétrante. Il est impossible de stationner dans les corridors.

Les experts ont disposé leurs alambics dans le chemin de ronde qui entoure le palais de justice. 5 ou 6 fourneaux sont rangés en cercle et chauffés par un immense brasiers toujours rouge. C'est autour de ces brasiers dévorants que les chimistes font leur œuvre sans nom. Les uns démêlent je ne sais quelle matière du bout de leurs cuillers de bois; d'autres pétrissent sous leurs doigts un mélange d'os et de chair qu'ils jettent à pleine main dans les chaudières béantes.

Les collines à pic qui dominent le palais de justice sont couvertes de spectateurs dont les regards plongent sur ce laboratoire en plein air, à travers les vapeurs épaisses et fétides qui s'exhalent de toute part. A une heure et demie la salle présente un singulier spectacle. Tout le monde a son mouchoir sous le nez et son flacon à la main : il s'était vendu, dans la matinée, plus de 500 flacons. Cependant, malgré les miasmes pestilentiels, la curiosité n'est pas ralentie, l'esprit de facétie règne au milieu de cette scène lugubre. Les dames prennent part à la plaisanterie. Nous en avons entendu une des plus belles dire : *Si ce pauvre Lafarge n'a pas été estimé pendant sa vie, il peut se flatter d'être bien prisé après sa mort*

M. le Président et l'Avocat-général entrent dans la salle, avant l'ouverture de l'audience, pour s'assurer si les débats pourront être continués.

La déposition des témoins continue, elle n'offre aucun intérêt; sauf les dépositions suivantes :

Alfred Moutardier, rapporte que les rats venaient boire dans la tisane de M. Lafarge, et qu'il fut chargé de faire de la mort aux rats pour les empoisonner. Mlle Clémentine Servat rend compte de la scène d'Orléans dont nous avons parlé. Ce témoin affirme que Mme Lafarge a mis dans la boîte 4 petits gâteaux ; sa déposition contredit celle de Mlle Brun, qui prétend que Mme Lafarge sortit de la chambre pour aller chercher une boîte particulière.

A l'audience du 9 septembre, après les dépositions de l'intéressante Mlle Emma Pouthier, les experts chimistes sont introduits pour faire leur rapport. (Mouvement d'attention.)

M. Dupuytren présente le rapport au nom de ses collègues :

« Nous avons partagé notre opération en deux parties principales, lesquelles ont été subdivisées en plusieurs autres.

« Dans la première, nous avons examiné le foie par le procédé Orfila; nous l'avons traité par l'acide nitrique. Nous l'avons mis dans une capsule de porcelaine, et nous avons fait évaporer jusqu'à siccité. Nous avons mêlé aux résidus trois fois leur poids d'acide nitrique pur marquant 41 degrès : cette matière a été ensuite chauffée jusqu'à siccité. Traitée ensuite par l'eau distilée, elle a pris la forme de charbon à points brillants; ce résultat était environ du poids de deux onces. Nous avons filtré le liquide et soumis le résidu aux opérations suivantes :

« Traité par l'hyrogène sulfuré, il a donné un précipité brun léger, soluble dans l'ammoniaque, et qui cependant a reparu un peu plus tard, mais faiblement.

» Traité par le sulfate de cuivre ammoniacal, il a donné un précipité légèrement verdâtre.

» Traité par le nitrate d'argent, il a donné un précipité neutre, jaune.

» Traité par le nitrate d'argent ammoniacal, il a donné un précipité jaunâtre.

» Ces précipités, par le contact de l'air, ont pris une couleur brunâtre.

» Nous avons introduit ces résidus dans l'appareil de Marsh, et après mainte expérience nous n'avons obtenu aucune tache arsenicale. (Mouvement général.) Des applaudissements prolongés se font entendre. Mme Lafarge se penche en souriant vers son défenseur, qui, moins maitre qu'elle-même de son émotion, sent des larmes inonder son visage.

M. L'AVOCAT-GÉNÉRAL. Les applaudissements sont une grave infraction au respect dû à la justice. Nous signalons aux huissiers le jeune homme placé devant Mme Violaine; nous l'avons vu applaudir. (S'adressant à la personne qu'il indique, M. l'avocat-général continue en élevant la voix) : Levez vous, monsieur. (L'assistant obéit.) Vous avez manqué de respect à la cour, à la justice, vous mériteriez que je prisse des réquisitions contre vous, ce que vous avez fait est de la plus grave inconvenance. (S'adressant au public.) Et depuis quand le sanctuaire de la justice est-il devenu une arène pour les mauvaises passions? Pense-t-on donc qu'il ne reste plus de ressources à l'accusation? (Sourdes rumeurs.) Pense-t-on donc qu'il ne lui reste pas encore à remplir une grande et solennelle mission?

»Prenez y garde, l'accusée aurait peut-être à vous reprocher une mesure qui prolongerait son anxiété en reculant l'époque de la solution de cette affaire.»

(Le plus profond silence remplace l'agitation rapidement comprimée.)

M. DUPUYTREN. Cependant, quelques-uns des

des experts ont cru, pendant qu'on faisait usage de l'appareil de Marsh, sentir par moments une légère odeur aliacée. Deux de ces messieurs ont obtenu sur les capsules exposées à la flamme une légère teinte brunâtre qui s'est dissoute dans l'acide nitrique, mais n'a produit par l'hydrogène sulfuré aucun résultat.

» Le cœur, les intestins, la rate, ont été traités d'après le système de M. Devergie; mis dans l'eau distillée, ils ont été bouillis pendant six heures. On avait le soin de renouveler l'eau distillée à mesure de l'évaporation. Cette liqueur a été filtrée froide et évaporée jusqu'à siccité. Reprise par l'eau bouillante, elle a été évaporée de nouveau; c'est cette dernière liqueur évaporée jusqu'à consistance convenable que nous avons soumise à l'action des mêmes réactifs. Nous n'avons obtenu que des précipités analogues à ceux que nous avions eus dans la première opération. Soumis à l'appareil de Marsh, ils n'ont donné aucune trace arsenicale.

» L'autre partie de ces mêmes matières a été traitée par le procédé Orfila, c'est-à-dire par l'acide nitrique. Nous avons répété sur ces substances les opérations précédemment décrites, et encore une fois nous n'avons obtenu aucune trace d'arsenic.

» Nos conclusions, prises à l'unanimité, sont qu'il n'y a pas d'arsenic dans aucune des substances animales soumises à notre examen. »

Les ordres de la cour sont respectés, et l'auditoire garde le plus profond silence. L'audience, en cet état, est quelque temps suspendue.

M. LE PRÉSIDENT. MM. les experts sont invités à dresser un procès-verbal détaillé de leur opération.

L'audience est levée au milieu de la plus vive agitation. Cependant le procureur du roi requiert l'expérience de nouveaux chimistes de Paris, après avoir toutefois déclaré qu'il est prêt d'abandonner l'accusation. La défense prend acte de ces paroles de l'avocat-général et cherche à combattre l'apppel des nouveaux chimistes.

« Prenez garde, dit-il, qu'avec tous vos délais vous n'ayez deux cadavres au lieu d'un. »

Apres un long discours de M. l'avocat-général, tendant à provoquer une nouvelle expertise dans l'intérêt même de Mme Lafarge ; la cour ordonne que trois nouveanx chimistes de Paris seront appelés. On désigne MM. Orfila, Bussi et Ollivier (d'Augers). Un ordre est porté à l'instant à la ligne du télégraphe. La déposition de Mlle Emma Pouthier, jeune parente de la famille Lafarge, mais dévouée de cœur à Mme Marie, tend à établir que c'est elle qui a pris la petite boite qui contenait de la gomme dans la poche de Mme Lafarge, afin de l'empêcher de se suicider. C'est encore elle qui, d'après les dépositions du docteur Fleignat, lui a conseillé de brûler les lettres qui pourraient la compromettre.

Mlle Anna Brun, interrogée par M. le président, déclare être âgée de 25 ans, demeurant à Flourand, commune de Meyssac, peintre. — (Le témoin paraît fort embarrassé. M. le président l'engage à se rassurer en lui promettant les protections de la justice.)

Dans les premiers jours de novembre, je reçus une lettre de Mme Lefarge qui me pressait de venir au Glandier pour lui faire son portrait. (Le témoin s'interrompt et murmure en haussant les épaules : « Je ne sais pas ce que je dis. » (Elle continue cependant après quelque hésitation :

J'arrivai le 2 décembre au Glandier. Le portrait de Marie Capelle fut achevé le 4, et je le mis dans la boite qui contenait les gâteaux avec d'autres objets, tels que ma montre, que j'envoyais arranger à Paris, des souliers, des marrons, de la musique. Quelques jours après, M. Lafarge accusa réception de cet envoi par une lettre dont Mme Capelle fit part à sa belle-mère, à l'exception toutefois d'une feuille dans laquelle, d'après ce que me dit en particulier Mme Marie, il lui disait qu'il avait été indisposé, qu'il avait la migraine.

Postérieurement, Mme Marie envoya son domestique chercher des lettres qu'elle attendait avec impatience Plus tard, je la vis quitter brusquement la table pour aller au devant du domestique qui portait les lettres. (Dans tout le courant de sa déposition, le témoin s'arrête souvent pour se recueillir et paraît avoir beaucoup de peine à rassembler ses souvenirs. Il est même remarquable qu'elle s'arrête souvent au milieu de phrases commencées, dont elle cherche péniblement la fin.)

Je me trouvai au Glandier lorsque M. Lafarge arriva de Paris. Mme Marie tenait beaucoup à être seule pour le voir seul et le recevoir à son arrivée. M. Lafarge étant tombé malade, Mme Marie me disait souvent : Retirons nous de cet appartement.

Le 11 au matin, je crois qu'on venait d'apporter un lait de poule. J'étais encore au lit, je témoignai le désir de me lever. Mme Marie m'engagea à rester au lit ; je répondis que j'avais une lettre à écrire, et je me levai. Je vis Mme Marie faire tomber d'un papier dans la tasse où était le lait de poule destiné à son mari une poudre blanche qu'elle délaya avec son doigt. Je lui demandai ce qu'elle y avait mis. Elle me répondit : C'est de la fleur d'orange. J'insistai pour savoir ce que c'était que cette poudre ; elle ne me répondit pas.

Je remarquai une traînée de poudre blanche sur une commode ; j'en mis un peu sur ma langue, il en résulta un picottement qui dura une heure. En portant mes regards sur le premier tiroir qui n'était pas bien fermé, je vis dans un vase de la poudre semblable.

Avant d'avoir fait ces remarques, j'avais vu Mme Marie s'approcher de la commode, tenant à la main un verre qui contenait de l'eau et du vin sucré, et j'avais entendu comme le froissement d'une cuiller contre un vase. Mme Marie donna une cuillerée de ce liquide à son mari, qui s'écria : « Ah! Marie, cela me brûle la gorge. » N'ayant pas entendu très distinctement, je demandai à Mme Marie ce qu'il avait dit, elle me fit cette réponse : « Il dit que cela lui brûle la gorge; mais ce n'est pas étonnant, il a une inflammation, et on lui donne du vin. » Nous eûmes des craintes d'empoisonnement. On en fit part à M. Lespinas, qui vint au Glandier dans la nuit du 12 au 13. Ces dames lui racontèrent ce qui se passait.

M. LE PRÉSIDENT. Etiez-vous présente?

R. Je crois que ce doit être, mais je ne l'ai pas présent à l'esprit. Le soir du 13, Mme Marie parut très-inquiète et me dit : En retour des tristes jours que vous allez passer avec nous, veuillez recevoir une bague de mes cheveux et de mon Charles.

Lorsque Mme Marie s'approchait de lui, il disait j'étouffe, et avait toujours des mouvements convulsifs. Jusqu'alors il s'était toujours occupé d'elle, et lorsqu'elle venait près de lui, il lui disait de s'en aller de peur qu'elle ne se fatiguât. Ce fut dans la nuit du 11 au 12 qu'il changea envers sa femme. Mme Lafarge mère lui avait montré la matière blanchâtre qui surnageait sur le lait de poule, il avait été effrayé, et avait dit de la faire analyser. J'ai vu aussi Mme Marie verser de la tisane dans une bouteille d'eau pure, et prétendre que c'était pour en corriger la crudité. C'était avant le 11, mais je ne puis préciser la date.

Ce témoin ajoute encore quelques détails sur l'envoi des gâteaux, détails dont Me Paillet démontre la contradiction avec les détails donnés précédemment par le témoin. Pendant le cours de cette audience on annonce l'arrivée de MM. les chimistes de Paris.

CHAPITRE IX.

Suite de l'audition des témoins.—Incident. —MM. Orfila, Bussy et Ollivier (d'Angers) prêtent serment comme experts.— Nouvelle expérience sur le cadavre de Lafarge.—Rapport des nouveaux experts, qui trouvent de l'arsenic.

—

Chaque jour de nouvelles circonstances donnent un nouvel attrait à la curiosité dans ce procès à jamais mémorable. L'on s'attend ce matin à entendre le rapport des experts sur l'analyse des boissons, et on compte surtout trouver un intérêt nouveau dans la déposition des témoins qui doivent aborder la question des diamans.

A l'ouverture de l'audience un nouvel incident vient provoquer l'attention.

MENACE DE MORT.

Me PAILLET. On me dit à l'instant que le bruit a couru qu'hier Mlle Brun, au sortir de la première audience, fut l'objet de tentatives d'intimidation; je désirerais que la cour voulût bien provoquer une explication à ce sujet.

M. LE PRÉSIDENT. Pouvez-vous, mademoiselle Brun, nous dire par quel moyen on a tenté de vous intimider?

Mlle BRUN. Hier, en rentrant chez moi, je jetai mon châle sur mon lit; ma mère, en le ployant, découvrit un tout petit billet qui était attaché par une épingle au bas du châle, sur la doublure intérieure.

Le témoin fait passer le billet à M. le président, qui en donne lecture. En voici le contenu textuel.

« SI TU PARLES CONTRE M..... TU ES MORTE. »

Me PAILLET. C'est Marie qu'on a voulu dire, il n'y a point à s'y méprendre.

M. LE PRÉSIDENT. Maintenant, Mlle Brun, expliquez-vous franchement, loyalement, vous êtes ici sous la protection de la justice, elle ne vous fera pas défaut; dites la vérité, rien que la vérité.

MADEMOISELLE BRUN. Je m'étais promenée toute la journée dans la salle des Pas-Perdus avec mon oncle, je ne vis personne s'approcher de moi, je ne parlai à personne. Quand je rentrai chez moi, Mmes de St-Avid étaient venues nous faire visite; nous étions à causer, lorsque ma mère, en cherchant quelque chose sur mon lit, découvrit le billet.

Mme de St-Avid est appelée et interrogée.

M. LE PRÉSIDENT. Quel effet cette lecture fit-elle sur Mme Brun? — R. Mme Brun me parut fort effrayée, fort tremblante; Mlle Brun était beaucoup plus rassurée.

D. Il ne vous vint pas un seul instant à l'esprit de croire que ce billet était feint? — R. Non, monsieur.

M. LE PRÉSIDENT. à Mlle Brun : Est-ce la première tentative d'intimidation dont on ait usé à votre égard? — R. C'est la première depuis que je suis à Tulle; mais avant mon arrivée ici plusieurs personnes m'avaient dit que je serais longuement et violemment tourmentée.

Me PAILLET. Ceci est réellement odieux et infâme! L'effet qu'on a espéré de ce billet, est-ce bien de l'intimidation? N'était-il pas impossible à Mlle Brun, déjà liée par sa déposition écrite, d'en changer le contenu devant la cour? La volonté lui en eût-elle été inspirée par des menaces? Non, évidemment.

A la fin de l'audience, M. Dupuytren au nom de l'expertise, est venu déclarer qu'ayant analysé la substance contenue dans la boîte saisie sur Mme Lafarge; les experts ont reconnu positivement la présence de l'arsenic, et en assez grande quantité au milieu de la poudre de gomme.

MM. Orfila, Ollivier (d'Angers) et Bussy s'avancent dans l'enceinte et ne peuvent trouver une place pour s'asseoir.

UN HUISSIER. Monsieur le président, il est impossible de faire asseoir MM. les experts de Paris.

M. LE PRÉSIDENT. Gendarmes, faites faire place.

Un gendarme fait lever plusieurs personnes, et MM. les chimistes trouvent enfin place.

M. L'AVOCAT-GÉNÉRAL. Nous avons demandé, à une précédente audience, que des expériences fussent faites par des chimistes célèbres. Aujourd'hui, nous recevons de M. le garde-des-sceaux une lettre qui nous annonce que MM. Orfila, Ollivier et Bussy ont été assignés. Ces messieurs sont arrivés ce matin; ils sont ici, et nous requérons qu'ils procèdent aux nouvelles expertises que nous avons réclamées. La cour comprendra qu'il est impossible de limiter leur mandat, et qu'ils ne doivent s'arrêter que là où s'arrête la science. Les pièces de conviction leur seront remises et ils dresseront procès-verbal.

Me PAILLET. Je ne fais aucune opposition, au contraire.

La cour rend un arrêt, par lequel MM. Orfila, Ollivier (d'Angers) et Bussy sont chargés d'expérimenter sur toutes les matières analysées déjà; elle ordonne en outre que tous les chimistes, qui ont opéré déjà, assisteront à l'opération.

Les experts prêtent le serment d'usage, ce sont: M. Mathieu Orfila, âgé de 53 ans, doyen de la

Faculté de l'école de médecine de Paris, demeurant à l'Ecole de médecine ; M. Alexandre Bussy, âgé de 46 ans, professeur de chimie à l'Ecole de pharmacie de Paris, demeurant à l'Ecole de pharmacie ; M. Ollivier (d'Angers), âgé de 43 ans, docteur en médecine, demeurant rue des Bons-Enfans, 28, à Paris.

Pendant les expériences des chimistes, la cour entend la déposition de nouveaux témoins ; mais tout l'intérêt est concentré désormais sur le rapport des chimistes qui est attendu avec impatience.

Les témoins à décharge étant tous entendus, l'audience est suspendue.

Pendant cette suspension d'audience, mille versions invraisemblables et opposées se répandent et témoignent de la vive anxiété du public ; la foule n'a jamais été plus compacte, elle déborde de l'enceinte et se répand dans les contours et la salle des Pas-Perdus. Quelques instants avant cinq heures, un violent tumulte se manifeste aux abords de la salle. Les spectateurs qui ont pénétré à l'intérieur sont en quelque sorte obligés de soutenir un siége. L'intervention de la force publique devient nécessaire pour calmer le tumulte.

A cinq heures et quart, la cour entre en audience.

MM. les experts sont introduits. M. le président est obligé d'en appeler à la force publique pour leur donner accès au milieu de l'enceinte.

Le silence se rétablit. M. le chef du jury annonce à la cour que trois de MM. les jurés sont absents. La séance se trouve nécessairement suspendue. Tous les yeux se portent sur les physionomies graves et impénétrables de MM. les experts. La curiosité est excité au plus haut point.

L'accusée est introduite ; sa physionomie décèle une grande fatigue physique. Avant de donner la parole aux nouveaux experts, M. Dubois est appelé à donner lecture du procès-verbal des opérations chimiques auxquelles ont été soumises les matières saisies au Glandier.

M. Dubois donne lecture de ce document d'une voix faible et agitée, qui semble faire pressentir que l'expertise des nouveaux chimistes ne confirme pas les conclusions de celle à laquelle il a procédé, il y a quelques jours, de concert avec MM. Dupuytren et Dubois fils.

Après cette lecture: M. Orfila prend la parole.

Rapport de MM. Orfila, Ollivier (d'Angers) et Bussy.

PRÉSENCE DE L'ARSENIC.

M. ORFILA. Nous venons rendre compte à la cour des travaux auxquels nous nous sommes livrés. Toutes les expériences ont été faites avec les réactifs qui avaient servi à MM. les experts qui avaient déjà opéré dans l'espèce; toutefois, nous avons employé une certaine quantité de potasse que nous avions apportée de Paris, et dont ces messieurs n'avaient pas cru devoir se servir.

Ces expériences ont été faites en présence de huit membres de la commission au moins.

Voici quels ont été les résultats de l'expertise. Je diviserai en quatre parties ce que j'ai à dire :

1o Je démontrerai qu'il existe de l'arsenic dans le corps de Lafarge.

2o Que cet arsenic ne provient pas des réactifs avec lesquels nous avons opéré, ni de la terre qui entourait le cercueil.

3o Que l'arsenic retiré par nous ne vient pas de cette portion arsenicale qui existe naturellement dans le corps de l'homme.

4o Et enfin je ferai voir qu'il n'est pas impossible d'expliquer la diversité des résultats et des opinions dans les expertises, qui ont été sincèrement faites quand on les compare à la nôtre.

M. Orfila conclut en son nom et en celui de

MM. Ollivier d'Angers et Bussy, à la présence de l'arsenic dans le corps de feu Lafarge.

Une vive agitation succède aux paroles du doyen de l'École de Médecine.

M. LE PRÉSIDENT. La défense a-t-elle quelques conclusions à prendre?

Me Paillet garde le silence.

M. LE PRÉSIDENT. Après les graves résultats du rapport, il importe à tous d'avoir le temps de se recueillir.

La séance est levée et renvoyée à demain matin à neuf heures.

L'accusée, en se retirant, serre la main à ses défenseurs. Le public, retenu long-temps encore dans l'enceinte de la cour d'assises par la pluie qui tombe toujours à flots s'entretient vivement du résultat des expertises. Ce qui ajoute encore à l'effroi est le bruit de la foudre qui gronde incessamment. Il est nuit lorsque la salle est complètement évacuée.

La solennité de cette séance semble encore se prolonger après qu'elle est terminée. Toute la petite ville de Tulle se trouve bientôt sous l'impression qui a été ressentie à la cour d'assises.

CHAPITRE X.

Etat de souffrance de madame Lafarge. — Suspension de l'audience du 16 septembre. — plaidoyer du procureur-général.

Au commencement de l'audience du 16 septembre, M. Ventyon, médecin de Mme Lafarge, s'avance devant la cour, pour déclarer que l'état critique où elle se trouve la met dans l'impossibilité d'assister à l'audience.

L'avocat-général demande que trois nouveaux médecins soient requis pour constater l'état de l'accusée. Les trois médecins requis viennent au bout d'une demi-heure annoncer que l'accusée est en proie à des spasmes nerveux, et qu'il est impossible qu'elle quitte le lit avant 24 heures.

L'audience est renvoyée au lendemain.

A l'audience du lendemain, Mme Lafarge est porportée mourante dans un fauteuil.

On fait passer sous les yeux de la cour les assiettes où l'arsenic est déposé.

M. l'avocat-général prend la parole et conclut à la peine de mort contre Marie Capelle, veuve Lafarge, et se tournant du côté des jurés, commence ainsi sa plaidoierie.

Messieurs les jurés, le temps nous presse, nous devons tous désirer d'arriver au terme de ces débats. L'action de la justice est lente; elle l'est surtout lorsque, comme dans cette enceinte, il lui faut lutter contre des obstacles qu'elle ne peut prévoir; lorsqu'il faut lutter contre un de ces accusés placés au haut de l'échelle sociale, qui trouve en elle et au dehors des sympathies et des dévoûments, lorsque ce n'est pas un de ces accusés sur lesquels l'action de la justice s'appesantit sans peine, parce qu'elle ne rencontre pas de résistance.

Ici, au contraire, vous avez vu toutes les passions tumultueuses faire cortége à l'accusée jusque dans cette enceinte, et déborder, malgré la majesté de votre audience, par de scandaleux témoignages d'intérêt. Nous avons hâte d'en finir. Après un pareil débat, et la fatigue du corps et la fatigue de l'intelligence finissent par abattre les courages; mais lorsque nous accomplissons une mission si grande, si importante, lorsque nous avons mission de réprimer un crime qui effraie l'humanité, nous aurons du courage, de la fermeté. Vous aussi, messieurs les jurés, quel que soit le débordement de ces passions mauvaises qui se sont agitées autour de vous, le retentissement de ces protestations si extraordinaires qui ont entouré l'accusée pendant ces longs débats, vous aussi, vous ne faillirez pas à votre mission; vous comprendrez que la France entière a les yeux sur vous, que c'est là une question d'honneur, de dignité, de moralité qui sera jugée par l'Europe.

L'avocat-général établit les bases de l'accusation puis il ajoute :

Quels que soient les symptômes de la maladie, si l'arsenic n'eût pas été découvert, si le corps du délit n'eût pas été établi, nous aurions pu, en dehors des données de la science, conserver nos convictions; comme homme, comme magistrat, les abandonner.

Nous avons révélé notre doute légal, mais nous avons voulu pousser jusqu'aux dernières limites les investigations de la science. Nous avons dit : Un fait grave s'est accompli à la séance d'hier : nous ne pouvons pas, avec cette responsabilité grave qui pèse sur nous, ne pas donner de nouvelles expériences, il faut fouiller dans les entrailles de la terre, exhumer le corps de Lafarge, il faut que, si l'innocence doit éclater, elle éclate brillante de lumière, la cour comprit nos paroles, et Lafarge fut exhumé.

Les chimistes sont encore appelés!.... pas de poison!.... quelle défaite pour l'accusation! nouveau triomphe pour la défense, pour les mauvaises passions qui sont venues profaner cette enceinte par des applaudissements indécents : vous eussiez donc été bien heureux de voir acquitter une empoisonneuse! Il faut donc qu'elle soit acquittée parce qu'elle a une famille, une intelligence supérieure, ce serait une grande joie, un grand bonheur pour la société!.... oh non!...

Les chimistes de Limoges n'ont pas trouvé de poison, nous avons appelé les plus habiles chimistes de Paris; ils ont pénétré les mystères les plus difficiles. Elle a parlé la science, elle a dit son dernier mot; or, ce mot est une condamnation. Eh! n'avez-vous pas vu quelle impression a produite M. Orfila lorsqu'il est venu dire : il y a de l'arsenic ingéré. Oh ! alors cette foule qui nous écoutait, est devenue silencieuse et morne. Les passions tumultueuses se sont tues. Un sentiment douloureux a pénétré dans les ames généreuses, dans la nôtre. A côté de ces preuves, de ces phénomènes extraordinaires, à côté de ces douleurs atroces, de ces angoisses cruelles, il est une autre preuve, une preuve que vous ne pouvez récuser, qui n'est pas le témoignage incertain des hommes, mais une preuve qui se fixe dans des traits certains, dans des faits que la science peut constater. Que direz-vous ? Un demi-milligramme d'arsenic ? Que m'importe? Ai-je besoin de dire comment l'arsenic est sorti, comment ces masses énormes ont trouvé leur passage chez cet homme d'une nature herculéenne? Que m'importe qu'il y en ait peu ou beaucoup? La question est de savoir si le poison a été ingéré ; si la main d'un empoisonneur, ou plutôt une empoisonneuse, s'est approchée du lit de Lafarge, et lui a présenté un breuvage empoisonné. Le doute ne peut pas s'élever; ce serait se révolter contre la puissance des faits acquis. Qu'importe la quantité, cet homme a bu de l'arsenic.

Ici l'accusation éprouve le besoin de refouler, au moins pour un instant, des émotions douloureuses. J'aimerais mieux une accusation directe; au moins elle se formulerait et ne se contenterait pas d'inductions détournées.

Il est mort empoisonné : recherchons l'auteur du crime.

Ici M. l'avocat-général reproduit les faits de la cause et analyse les dépositions des témoins. Il termine ainsi :

Messieurs, je m'arrête ; je n'ai voulu m'adresser qu'à votre raison ; si j'avais voulu fatiguer vos cœurs par des émotions, je l'aurais pu : j'en aurais trouvé les moyens. Il y a eu dans ce drame, commencé le 3 janvier pour finir le 14 par une horrible péripétie ; il y a eu des gémissements, des sanglots étouffés. Mais qui a versé ces larmes? qui a ressenti ces douleurs? Marie Capelle ? non : elle causait de frivolités, de courses à cheval.... ; elle n'était pas anéantie comme vous la voyez en cet instant. J'aurais pu vous présenter des tableaux qui auraient fait impression sur vos cœurs, mais je ne l'ai pas voulu : ce n'est pas avec des sentiments que je veux prouver les crimes, c'est avec des raisons.

MM. les jurés, je l'ai dit en commençant, et je vais finir par cette pensée qui remplit mon cœur ; ce n'est pas pour moi une question de criminalité, mais une question d'égalité devant la loi. Voudrez-vous que la justice ne soit pas un niveau qui passe également sur toutes les têtes? Oh! non. Voulez-vous que l'on croie que le jury est faible et lâche lorsqu'il s'agit d'une femme placée dans une haute position, et qu'il relève le front lorsqu'il s'agit d'une tête obscure? Oh! non, vous ne le voudrez pas. Je ne le veux pas pour vous, je ne le veux pas pour moi. Il y a entre nous solidarité: je l'accepte, MM. les jurés, et vous l'accepterez aussi. Je persiste dans mon accusation.

CHAPITRE XI.

Plaidoyer de l'avocat de Mme Lafarge. — Réplique de l'avocat-général et de Me Bac pour l'accusée. — Résumé des débats, par M. le Président. — Condamnation.

—

Mme Lafarge est apportée à l'audience dans son fauteuil.

M. LE PRÉSIDENT. La parole est au défenseur.

Me PAILLET se lève. (Profond mouvement.)

Après huit mois de captivité, dit-il, de douleurs et de résignation, Mme Lafarge peut enfin faire entendre devant ses juges une voix amie. Et le premier reproche qu'elle rencontre dans cette enceinte est de se présenter à vous protégée par des influences étrangères qu'on n'a pas même signalées.

Etranges préoccupations du ministère public! étranges démentis donnés à l'évidence et à la notoriété des faits! Qui ne le sait au contraire? tandis que Mme Lafarge gémissait dans le silence, quelle activité déployée contre elle au debors, que de mauvaises passions soulevées contre elle! que de faits mensongers, calomnieux, romanesques parcourant la France d'un bout à l'autre avec la rapidité de l'éclair, accueillis, commentés par la légèreté ou la malveillance! que d'outrages prodigués à une femme captive, souffrante, qui ne pouvait se défendre! Hélas! messieurs, pourquoi faut-il que la justice elle-même, dont les formes graves et nobles font tout à la fois notre sécurité et notre admiration, se soit écartée dans cette occurrence de ses traditions constantes, comme pour donner à la prévention un aliment nouveau? Vous parlerai-je de cette interversion insolite, puis de ce mélange bizarre de ces deux procédures qui n'avaient rien de commun entre elles? Vous parlerai-je de ces communications précoces et indiscrètes, des pièces les plus hostiles du procès livrées à qui les a voulues, de cet acte d'accusation à édition double inondant la France et l'Europe, mais inconnus d'une seule personne, de l'accusée elle-même? (Mouvement d'adhésion.)

L'avocat suit pas à pas l'accusation et la combat victorieusement sur plusieurs points; il s'attache surtout à détruire l'effet moral de la lettre écrite par Mme Lafarge à son mari, en arrivant au Glandier; puis il combat l'envoi des gâteaux empoisonnés, il tient surtout à faire ressortir que Mme

Lafarge n'avait aucun intérêt à l'empoisonner. Il termine ainsi :

Une dernière minute et un dernier mot, messieurs les jurés, car à Dieu ne plaise que je rentre dans les débats, après la réplique si vive, si vraie, si éloquente de mon honorable confrère.

Mais bien des lueurs encore pourraient jaillir de cette cause si obscure et si compliquée. A l'instant encore, un homme grave et rompu aux débats judiciaires me disait : il y a une chose bien grave à laquelle vous n'avez pas songé; la caisse fut ouverte par Lafarge à la diligence, ne serait-il pas possible que pendant cette opération ou en chemin il eût mangé quelques-uns des gâteaux qui avaient été enfermés au Glandier dans cette boite.

Ne se pourrait-il pas encore que l'infiniment petite quantité d'arsenic retrouvée dans le corps de Lafarge, provînt d'une pincée de cette boîte livrée à Mlle Emma Pouthier, et dont la poudre était évidemment empoisonnée à l'insu de Mme Lafarge, puisqu'elle en usait journellement dans ses boissons particulières.

Je bornerai là, messieurs, les explications qui pourraient être si nombreuses encore. Dans ce moment suprême, je n'ajouterai plus qu'un mot, messieurs, c'est que la condamnation d'un innocent est de tous les faits sociaux le plus déplorable, parce qu'il est le plus irréparable.

Tout est doute dans cette lugubre affaire, et le doute dans une affaire criminelle suffit pour l'acquittement de l'accusée. Comment croire, en effet, que cette femme, dont nous vous avons fait sonder le cœur, que cette femme qui, à la fin du mois de décembre, entrevoyait les joies de la maternité, ait pu, le 3 janvier, empoisonner son mari! le père de son enfant! Non, messienrs, cela est impossible! Ah! dans l'accomplissement de la fatale mission qui vous est confiée, craignez, messieurs, d'ajouter aux lugubres légendes de ce maudit lieu du Glandier! (Vive émotion!)

MADAME LAFARGE, d'une voix déchirante. Oh! je suis innocente, je vous le jure, messieurs! (Attendrissement.)

M. l'avocat-général réplique en peu de mots et soutient ses conclusions à la peine de mort, après avoir attaqué la moralité de l'accusée sur l'affaire des diamants.

Me Bac prend la parole et après avoir jeté quelques phrases éloquentes contre l'accusation d'empoisonnement, arrive à la question des diamants, et établit par des lettres que Mme de Léotaud a continué ses relations avec Clavé, qu'elle lui envoyait des couleurs en Afrique. La lecture de ces lettres produit une vive impression.

Me Bac résume ses moyens de défense; il montre le défaut d'intérêt de la part de Marie Capelle qui repousse l'accusation. Elle ne peut être expliquée ni par l'amour pour un autre, ni par la haine pour son mari, ni par la cupidité. Sa conduite postérieure repousse ce dernier prétexte, car elle s'est engagée pour son mari avant la mort, pendant la mort et aprèsmême qu'il a eu fermé les yeux.

M. LE PRÉSIDENT annonce que les débats sont clos et commence ainsi son résumé : Messieurs les jurés, serait-il vrai que cette curiosité dévorante qui s'agite autour de nous, qui se propage presque dans le monde entier, que chaque jour trouve plus ardente, qui fait presque trève, si nous osions le dire, aux circonstances les plus critiques, serait-il vrai que cet empressement inquiet et persévérant pour une affaire qui ne touche qu'à une simple individualité ne nous révélât ici que de mauvais sentiments, des instincts frivoles ou méchans, des passions désordonnées et corrompues? Cette affaire ne serait-elle pour les uns qu'un vain drame sans moralité, pour les autres que ce triste plaisir des mauvaises natures à venir se repaître à leur aise du lamentable spectacle des douleurs d'autrui; pour d'autres encore, qu'un aliment aux passions folles de ces cœurs égarés, de ces raisons débiles, de ces esprits malades, aveugles adorateurs de ce qui séduit l'imagination? Serait-il vrai qu'il existe de nos jours, dans notre état religieux et social, une sorte de paganisme pire que le paganisme antique; car, après tout, celui-ci au moins s'arrêtait devant certaines déifications.

Ici, M. le président entre dans le résumé des charges de l'accusation, qu'il reproduit avec une remarquable lucidité. Passant ensuite à l'exposition des arguments de la défense, il les développe avec le même caractère d'impartialité. Nous ne le suivrons pas dans son analyse qni ne serait, d'ailleurs, qu'une répétition presque textuelle des paroles de l'accusation et de la défense.

M. LE PRÉSIDENT termine en ces termes : « Vous pèserez, Messieurs, au sein du sanctuaire, les élémens de l'accusation et de la défense, si l'innocence de Marie Capelle vous paraît démontrée, nous respecterons votre verdict, car nous penserons qu'il est dicté par votre conscience; que si une opinion contraire a dominé vos esprits, s'il vous est apparu que la perversité et la dépravation du cœur sont venues se placer à côté des trésors funestes de la grâce et de l'intelligence, nous sommes convaincus, qu'avec douleur, peut-être, mais avec fermeté, avec indépendance, vous donnerez un grand exemple, et que vous vous placerez au-dessus de toutes les vaines considérations en proclamant cette double vérité que : plus les nœuds sont sacrés, plus les crimes sont grands, et que plus la société a fait pour nous, plus rigoureuse doit être, envers elle, la responsabilité de nos actions »

M. le président, après avoir rappelé aux jurés les dispositions légales remet à leur chef la question à résoudre qui est ainsi conçue :

« Marie-Fortunée Capelle, veuve du sieur Pouch
» Lafarge est-elle coupable d'avoir en décembre et
» janvier derniers donné la mort à son mari à

» l'aide de substances susceptibles de donner la » mort, et qui l'ont donnée en effet? »

Le jury entre à huit heures moins un quart dans la salle de ses délibérations.

On emporte l'accusés sur un long fauteuil à bras; elle paraît fort souffrante.

La cour se retire.

Après une heure juste il en sort. Le chef du jury est changé. Un profond silence s'établit dans l'auditoire.

La déclaration du jury est :

« Oui, à la majorité, l'accusée est coupable.

(Mouvement général dans l'auditoire; exclamations dans la tribune des dames.)

» Oui, à la majorité, il y a des circonstances atténuantes en faveur de l'accusée. »

La foule immense qui s'est entassée dans le prétoire reste morne et silencieuse et semble frappée de stupeur.

M. LE PRÉSIDENT. Je recommande à l'auditoire le plus profond silence, le plus profond recueillement. Gendarmes, introduisez l'accusée.

Un quart d'heure se passe et rien n'est venu rompre le silence de mort que s'est imposé tout l'auditoire et que n'a pas besoin de maintenir l'organe sévère du président.

Me PAILLET, le visage inondé de sueur et la voix éteinte. — Mme Lafarge, en arrivant dans sa prison, s'est évanouie, elle est en ce moment dans un état tel, m'annonce-t-on, que si on la transportait ici, elle y arriverait privée de tout sentiment. La triste formalité de sa condamnation ne peut-elle donc s'accomplir en son absence?

M. LE PRÉSIDENT. C'est avec un sentiment douloureux que je suis forcé de vous faire observer que l'article 357 du Code d'instruction criminelle exige que la déclaration du jury soit lue en présence de l'accusée. Nous serons donc dans l'alternative ou de la faire apporter à l'audience dans l'état où elle se trouverait, ou de faire application de l'article 8 de la loi de septembre, constatant son refus de se rendre à l'audience.

Me PAILLET. L'impossibilité où elle se trouve peut dans l'esprit même de la loi équivaloir à ce refus.

M. L'AVOCAT-GÉNÉRAL. Nous concluons formellement à ce qu'application soit faite de la loi de septembre.

La cour, faisant droit à ces réquisitions, commet un huissier chargé d'aller, accompagné de la force armée, sommer Marie Capelle, veuve Lafarge, de se rendre à l'audience, et de dresser, en cas de son refus, procès-verbal de ce refus.

Une demi-heure se passe dans l'exécution de cette formalité et pendant tout ce temps un profond silence règne dans tout l'auditoire. On entend en dehors de l'enceinte des cris confus poussés par la foule immense qui, dans la plus complète obscurité, stationne devant la salle du palais et connaît déjà le résultat de la déclaration du jury.

Lecture est donnée de la sommation de l'huissier qui constate qu'il a trouvé Mme Lafarge étendue sur son lit et qui a refusé de lui répondre.

La cour ordonne qu'il sera donné lecture de la déclaration du jury.

M. l'avocat-général requiert l'application de la loi et conclut à ce que l'accusée soit condamnée aux travaux forcés à perpétuité.

M. le président. — Les défenseurs ont-ils quelque chose à dire sur l'application de la peine.

Me Paillet. — Les défenseurs ne sont pas même censés être ici.

M. le président. — Il sera tenu note de la réponse.

La cour, après une délibération d'une heure, rentre en séance et prononce un arrêt qui CONDAMNE Marie Capelle, veuve Lafarge, aux TRAVAUX FORCÉS à perpétuité et à L'EXPOSITION SUR LA PLACE PUBLIQUE DE TULLE.

CHAPITRE XII.

Arrivée de Raspail à Tulle. — Contradictions de la science. — Rappel de madame Lafarge.

Pendant que ces lugubres débats se terminaient à Tulle, par la condamnation de l'accusée, M. Raspail accourait en poste avec un jeune avocat pour contredire le rapport de MM. Orfila, Bussy et Ollivier (d'Angers). Un accident arrivé à la chaise de poste les fit arriver deux heures après le prononcé de l'arrêt.

M. Raspail, après avoir pris connaissance du rapport de M. Orfila, déclara qu'il contenait plusieurs nullités, et fut chargé par Mme Lafarge de faire un mémoire pour le réfuter.

L'opinion de M. Raspail a été corroborée par celle de M. Kouerb, collaborateur de M. Orfila, et l'inventeur du nouvel appareil de Marsh.

Mme Lafarge a rappelé de son procès, et l'on pense que le jugement de Tulle sera annulé.

Ainsi tout n'a pas été dit encore dans ce procès; la vérité n'est encore connue qu'à demi.

Les nombreux partisans de Mme Lafarge prétendent qu'elle est innocente, on les nomme les *lafargistes*. Les adversaires de Mme Lafarge, et ce sont en général des femmes, se nomment *anti-lafargistes*; ils soutiennent avec acharnement sa culpabilité : on dit même que quelques duels ont eu lieu à ce sujet.

Attendons, pour prononcer, que le temps et de nouveaux débats soulèvent entièrement le voile qui couvre encore les tristes événements du Glandier.

COMPLAINTE
SUR M. ET Mme LAFARGE
AIR *du Juif errant.*

De cette terrible histoire,
Ecoutez la vérité.
Amis vous pouvez m'en croire,
Un rat du lieu m'a conté,
Qu'Charles Lafarg'vraiment;
Est mort d'empoisonnement.

Lafarge était un brave homme
Né dans le bas Limousin,
Qu'on estime et qu'on renomme
Bon ami, bon citoyen:
Mais il manquait par malheur,
De quibus et de bonheur.

Quand pour le mariage,
Il eut son parti pris.
Il se mit en voyage
Pour se rendre à Paris,
Et s'en fut chez Defoy
Pour engager sa foi.

« Il me faut une femme
» Pour faire mon bonheur.
» — Ah! j'en ai, sur mon ame,
» Répond le marieur,
» Qui saura faire de vous
» Un bienheureux époux. »

Je connais dans le monde
Jeune fille aux yeux noirs;
Riche de plus, et féconde
En esprit et en savoir;
Et en mille autres agrémens,
Ainsi qu'en beaucoup d'amans.

Pour terminer l'affaire,
On se rend chez Musard;
De là chez un notaire.
Le cœur content l'on part
Pour signer un contrat,
Préparé pour cela.

Bien vite à la mairie:
Le maître forgeron,
A la belle Marie,
Va pour donner son nom.
Tous deux le même soir
Partent pour le manoir.

« A Orléans, ma belle,
» Arrêtons-nous un peu:
» Une seule pucelle
» Suffit bien en ce lieu. »
Mais défendant ses appas,
Elle répond: connais pas!

Au Glandier l'on arrive
Au milieu des parents,
La joie était bien vive
Et tous les cœurs contents.
Mais Marie dit tout bas:
Cela ne dur'ra pas.

Sa nouvelle famille
Lui pesant sur le dos,
De sa chambre gentille,
Elle écrivit ces mots:
« Vous pourriez m'embêter,
» Laissez-moi vous quitter.

» Et vous, Monsieur Lafarge,
» Je ne vous aime pas.
» Déjà vous m'êtes à charge;
» Ne me retenez pas
» Car, soyez convaincu,
» Je vous ferai c.... »

Après cette nouvelle,
Le pauvre époux en pleurs,
Va dire à la cruelle,
Abjure tes erreurs
Ou bien tu vas me voir
Mourir de désespoir.

Bientôt elle s'apaise
Et paraît s'attendrir.
Charles s'en pâme d'aise
Et de joie va mourir;
Mais Marie en secret
Nourrit un noir projet.

« Mon amour sans partage,
Dit-elle tendrement,
» Veut te donner un gage:
» Voilà mon testament. »
Et Charles, bêtement,
En fit bien vite autant.

Son amour fut si tendre
Pour ce cher petit mari,
Qu'elle s'ennuyait d'attendre
Quand il vint à Paris;
Et lui fit passer du flan,
Qui l'étendit sur le flanc.

Car bientôt par le coche,
Elle adresse à son chou
Une belle brioche,
A la place d'un chou,
Qu'il devra vers minuit
Manger sans faire de bruit.

A ce vœu sympathique
Il se rend plein d'amour,
Mais voilà la colique
Qui s'en mêle à son tour,
Bientôt comme un badaud
Il vomit sur l' carreau

Pâle, triste et maussade
Il presse son départ,
Et le pauvre malade
Arrive chez lui tard
Où Marie lui tient prêt
Des truffes et du poulet.

Mais son mal se déroule
Au lieu de s'arrêter.
« Peut-être un lait de poule
» Pourra te soulager »
Mais voyez donc quel sort
Il lui donna la mort.

D'aucun ont l'infamie
Oui d'accuser vraiment
Cette pauvre Marie
D'un empoisonnement.
Et qu'avec de l'arsenic
Elle empâtait son mari.

Alors en cour d'assises
Elle dit pour s' justifier
Que dans leur convoitise
Les gros rats du Glandier
Venaient jusqu'en son lit
Pour y faire leur nid.

Mais aussitôt la science,
Pour trancher la question
Vient pendant la séance
Dénicher le poison
En mettant en alambic
Le corps de son mari.

Pendant que le pauvre hère
Ainsi se rôtissait
On dit que pour se distraire
Sa femme plaisentait...
Oh! comme il devait jouir
De se voir ainsi rôtir.

Elle fut condamnée
Pour ce crime odieux.
Et l'âme empoisonnée
Apparait à ses yeux
En grand fantôme noir
Qui revient chaque soir.

Lui montrant son suaire
De sang encore souillé,
Et tombant en poussière.
Son corps déchiqueté
Lui dit amèrement :
« Contemple mon tourment.

» Epouse trop légère,
» Cruelle en tes fureurs,
» Ton amour adultère
» Au milieu des douleurs
» M'a mis dans le tombeau
» Pour le jeune Guyot.

» Cet amant invisible
» D'Orléans, du Glandier,
» D'une façon risible
» Voulait me tartufier ;
» Mais la mort en ce jour
» Me venge de son amour.

» Pour me tromper, infâme !
» Pour m'empoisonner mieux
» Tu enivras mon âme
» Par le feu de tes yeux,
» Et moi comme un jobard
» Je te croyais sans fard.

» Et quand je rêvais gloire
» Et richesse pour toi
» Ton âme lâche et noire
» Rêvait la mort pour moi,
» Et loin de mon pays
» Tu commences à Paris.

» Du mal qui me dévore
» Me cachant le soupçon,
» Ta main m'abreuve encore
» De caresses, de poison.
» De mon lit de douleur
» Tu chasses aussi ma sœur.

» Quand la mort près d'étendre
» Sa main dessus mon front
» Tu viens, d'un regard tendre
» Implorer mon pardon?
» En mes derniers instants
» Jouir de mes tourments.

» Si, trompant mon attente,
» Te sauvant de la mort
» La justice indulgente
» Prend pitié de ton sort,
» Tu verras chaque soir
» Le grand fantôme noir. »

www.ingramcontent.com/pod-product-compliance
Lightning Source LLC
LaVergne TN
LVHW020029170826
845678LV00001B/185